Mulheres em Telecom®

EDIÇÃO PODER DE UMA HISTÓRIA

VOLUME I

Copyright© 2024 by Editora Leader
Todos os direitos da primeira edição são reservados à Editora Leader.

CEO e Editora-chefe:	Andréia Roma
Revisão:	Editora Leader
Capa:	Editora Leader
Projeto gráfico e editoração:	Editora Leader
Suporte editorial:	Lais Assis
Livrarias e distribuidores:	Liliana Araújo
Artes e mídias:	Equipe Leader
Diretor financeiro:	Alessandro Roma

Dados Internacionais de Catalogação na Publicação (CIP)

M922   Mulheres em Telecom: edição poder de uma história, vol. I/coordenação Luciana
1. ed.   Tannure. – 1.ed. – São Paulo: Editora Leader, 2024.

Várias autoras
ISBN: 978-85-5474-237-9

1. Carreira profissional – Desenvolvimento. 2. Mulheres na telecomunicação. 3. Mulheres – Biografia. 4. Mulheres – Histórias de vidas. 5. Telecomunicações. I. Tannure, Luciana. II. Roma, Andréia. III. Série.

09-2024/84   CDD 621.382

Índices para catálogo sistemático:
1. Mulheres: Carreira profissional: Telecomunicações   621.382

Bibliotecária responsável: Aline Graziele Benitez CRB-1/3129

2024
Editora Leader Ltda.
Rua João Aires, 149
Jardim Bandeirantes – São Paulo – SP
Contatos:
Tel.: (11) 95967-9456
contato@editoraleader.com.br | www.editoraleader.com.br

A Editora Leader, pioneira na busca pela igualdade de gênero, vem traçando suas diretrizes em atendimento à Agenda 2030 – plano de Ação Global proposto pela ONU (Organização das Nações Unidas) –, que é composta por 17 Objetivos de Desenvolvimento Sustentável (ODS) e 169 metas que incentivam a adoção de ações para erradicação da pobreza, proteção ambiental e promoção da vida digna no planeta, garantindo que as pessoas, em todos os lugares, possam desfrutar de paz e prosperidade.

A Série Mulheres, dirigida pela CEO da Editora Leader, Andréia Roma, tem como objetivo transformar histórias reais – de mulheres reais – em autobiografias inspiracionais, cases e aulas práticas. Os relatos das autoras, além de inspiradores, demonstram a possibilidade da participação plena e efetiva das mulheres no mercado. A ação está alinhada com o ODS 5, que trata da igualdade de gênero e empoderamento de todas as mulheres e meninas e sua comunicação fortalece a abertura de oportunidades para a liderança em todos os níveis de tomada de decisão na vida política, econômica e pública.

CONHEÇA O SELO EDITORIAL SÉRIE MULHERES

Somos referência no Brasil em iniciativas Femininas no Mundo Editorial

A Série Mulheres é um projeto registrado em mais de 170 países! A Série Mulheres apresenta mulheres inspiradoras, que assumiram seu protagonismo para o mundo e reconheceram o poder das suas histórias, cases e metodologias criados ao longo de suas trajetórias. Toda mulher tem uma história!
Toda mulher um dia já foi uma menina. Toda menina já se inspirou em uma mulher. Mãe, professora, babá, dançarina, médica, jornalista, cantora, astronauta, aeromoça, atleta, engenheira. E de sonho em sonho sua trajetória foi sendo construída. Acertos e erros, desafios, dilemas, receios, estratégias, conquistas e celebrações.

O que é o Selo Editorial Série Mulheres?

A Série Mulheres é um Selo criado pela Editora Leader e está registrada em mais de 170 países, com a missão de destacar publicações de mulheres de várias áreas, tanto em livros autorais como coletivos. O projeto nasceu dez anos atrás, no coração da editora Andréia Roma, e já se destaca com vários lançamentos. Em 2015 lançamos o livro "Mulheres Inspiradoras", e a seguir vieram outros, por exemplo: "Mulheres do Marketing", "Mulheres Antes e Depois dos 50", seguidos por "Mulheres do RH", "Mulheres no Seguro", "Mulheres no Varejo", "Mulheres no Direito", "Mulheres nas Finanças", obras que têm como foco transformar histórias reais em autobiografias inspiracionais, cases e metodologias de mulheres que se diferenciam em sua área de atuação. Além de ter abrangência nacional e internacional, trata-se de um trabalho pioneiro e exclusivo no Brasil e no mundo. Todos os títulos lançados através desta Série são de propriedade intelectual da Editora Leader, ou seja, não há no Brasil nenhum livro com título igual aos que lançamos nesta coleção. Além dos títulos, registramos todo conceito do projeto, protegendo a ideia criada e apresentada no mercado.

A Série tem como idealizadora Andréia Roma, CEO da Editora Leader, que vem criando iniciativas importantes como esta ao longo dos anos, e como coordenadora Tania Moura. No ano de 2020 Tania aceitou o convite não só para coordenar o livro "Mulheres do RH", mas também a Série Mulheres, trazendo com ela sua expertise no mundo corporativo e seu olhar humano para as relações. Tania é especialista em Gente & Gestão, palestrante e conselheira em várias empresas. A Série Mulheres também conta com a especialista em Direito dra. Adriana Nascimento, coordenadora jurídica dos direitos autorais da Série Mulheres, além de apoiadores como Sandra Martinelli – presidente executiva da ABA e embaixadora da Série Mulheres, e também Renato Fiocchi – CEO do Grupo Gestão RH. Contamos ainda com o apoio de Claudia Cohn, Geovana Donella, Dani Verdugo, Cristina Reis, Isabel Azevedo, Elaine Póvoas, Jandaraci Araujo, Louise Freire, Vânia Íris, Milena Danielski, Susana Jabra.

Série Mulheres, um Selo que representará a marca mais importante, que é você, Mulher!

Você, mulher, agora tem um espaço só seu para registrar sua voz e levar isso ao mundo, inspirando e encorajando mais e mais mulheres.

Acesse o QRCode e preencha a Ficha da Editora Leader.
Este é o momento para você nos contar um pouco de sua história e área em que gostaria de publicar.

Qual o propósito do Selo Editorial Série Mulheres?
É apresentar autobiografias, metodologias, *cases* e outros temas, de mulheres do mundo corporativo e outros segmentos, com o objetivo de inspirar outras mulheres e homens a buscarem a buscarem o sucesso em suas carreiras ou em suas áreas de atuação, além de mostrar como é possível atingir o equilíbrio entre a vida pessoal e profissional, registrando e marcando sua geração através do seu conhecimento em forma de livro.

A ideia geral é convidar mulheres de diversas áreas a assumirem o protagonismo de suas próprias histórias e levar isso ao mundo, inspirando e encorajando cada vez mais e mais mulheres a irem em busca de seus sonhos, porque todas são capazes de alcançá-los.

Programa Série Mulheres na tv
Um programa de mulher para mulher idealizado pela CEO da Editora Leader, Andréia Roma, que aborda diversos temas com inovação e qualidade, sendo estas as palavras-chave que norteiam os projetos da Editora Leader. Seguindo esse conceito, Andréia, apresentadora do Programa Série Mulheres, entrevista mulheres de várias áreas com foco na transformação e empreendedorismo feminino em diversos segmentos.

A TV Corporativa Gestão RH abraçou a ideia de ter em seus diversos quadros o Programa Série Mulheres. O CEO da Gestão RH, Renato Fiochi, acolheu o projeto com muito carinho.

A TV, que conta atualmente com 153 mil assinantes, é um canal de *streaming* com conteúdos diversos voltados à Gestão de Pessoas, Diversidade, Inclusão, Transformação Digital, Soluções, Universo RH, entre outros temas relacionados às organizações e a todo o mercado.

Além do programa gravado Série Mulheres na TV Corporativa Gestão RH, você ainda pode contar com um programa de *lives* com transmissão ao vivo da Série Mulheres, um espaço reservado todas as quintas-feiras a partir das 17 horas no canal do YouTube da Editora Leader, no qual você pode ver entrevistas ao vivo, com executivas de diversas áreas que participam dos livros da Série Mulheres.

Somos o único Selo Editorial registrado no Brasil e em mais de 170 países que premia mulheres por suas histórias e metodologias com certificado internacional e o troféu Série Mulheres® – Por mais Mulheres na Literatura.

> Assista a Entrega do Troféu Série Mulheres do livro **Mulheres nas Finanças®** – volume I
> Edição poder de uma mentoria.
>
> Marque as pessoas ao seu redor com amor, seja exemplo de compaixão.
>
> Da vida nada se leva, mas deixamos uma marca.
>
> Que marca você quer deixar? Pense nisso!
>
> **Série Mulheres – Toda mulher tem uma história!**

> Assista a Entrega do Troféu Série Mulheres do livro **Mulheres no Conselho®** – volume I –
> Edição poder de uma história.

Próximos Títulos da Série Mulheres®

Conheça alguns dos livros que estamos preparando para lançar: • Mulheres no Previdenciário® • Mulheres no Direito de Família® • Mulheres no Transporte® • Mulheres na Indústria® • Mulheres na Aviação® • Mulheres na Política® • Mulheres na Comunicação® e muito mais.

Se você tem um projeto com mulheres, apresente para nós.

Qualquer obra com verossimilhança, reproduzida como no Selo Editorial Série Mulheres, pode ser considerada plágio e sua retirada do mercado. Escolha para sua ideia uma Editora séria. Evite manchar sua reputação com projetos não registrados semelhantes ao que fazemos. A seriedade e ética nos elevam ao sucesso.

Alguns dos Títulos do Selo Editorial Série Mulheres® já publicados pela Editora Leader:

Lembramos que todas as capas são criadas por artistas e designers.

  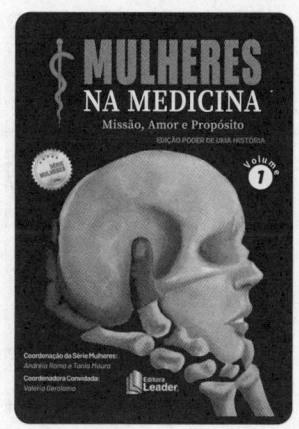

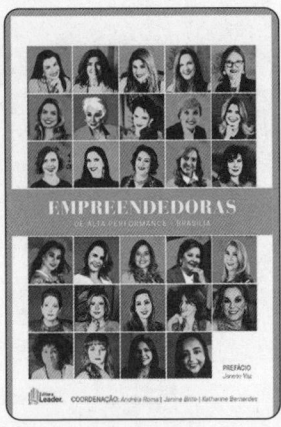

SOBRE A METODOLOGIA DA SÉRIE MULHERES®

A Série Mulheres trabalha com duas metodologias

"A primeira é a Série Mulheres – Poder de uma História: nesta metodologia orientamos mulheres a escreverem uma autobiografia inspiracional, valorizando suas histórias.

A segunda é a Série Mulheres Poder de uma Mentoria: com esta metodologia orientamos mulheres a produzirem uma aula prática sobre sua área e setor, destacando seu nicho e aprendizado.

Imagine se aos 20 anos de idade tivéssemos a oportunidade de ler livros como estes!

Como editora, meu propósito com a Série é apresentar autobiografias, metodologias, cases e outros temas, de mulheres do mundo corporativo e outros segmentos, com o objetivo de inspirar outras mulheres a buscarem ser suas melhores versões e realizarem seus sonhos, em suas áreas de atuação, além de mostrar como é possível atingir o equilíbrio entre a vida pessoal e profissional, registrando e marcando sua geração através do seu conhecimento em forma de livro. Serão imperdíveis os títulos publicados pela Série Mulheres!

Um Selo que representará a marca mais importante que é você, Mulher!"

Andréia Roma – CEO da Editora Leader

CÓDIGO DE ÉTICA
DO SELO EDITORIAL
SÉRIE MULHERES®

Acesse o QRCode e confira

Nota da Editora

É com grande entusiasmo que apresento "Mulheres em Telecom® – Volume I, Edição Poder de uma História", uma obra que celebra as trajetórias inspiradoras de mulheres que têm transformado o setor de telecomunicações. Este livro é uma oportunidade de destacar as contribuições femininas em um campo que, historicamente, foi dominado por homens, mas que hoje conta com a força e inovação de grandes líderes femininas.

A área de telecomunicações, tão fundamental para a nossa sociedade conectada, envolve desafios técnicos, estratégicos e humanos. As mulheres que fazem parte deste livro têm não só superado esses desafios, mas também contribuído para moldar o futuro da tecnologia e da comunicação. Cada capítulo é um testemunho das conquistas, aprendizados e visões dessas profissionais incríveis.

Quero expressar meu profundo agradecimento à coordenadora Luciana Tannure, cuja liderança e apoio foram essenciais para a realização deste projeto. Também agradeço às autoras, cuidadosamente selecionadas pela nossa curadoria, que compartilharam suas experiências e nos brindaram com suas histórias de sucesso no setor de telecomunicações.

Espero que esta obra sirva de inspiração para mulheres e homens, destacando a importância da presença feminina em todos os segmentos do mercado. Que as histórias aqui contadas motivem futuras gerações a seguir com coragem e inovação nesse setor tão dinâmico e essencial.

Para saber mais sobre nossa causa acesse: www.seriemulheres.com

Toda mulher tem uma história!

Andréia Roma
Idealizadora do livro e
Coordenadora do Selo Editorial Série Mulheres®

Prefácio
por Geovana Donella

O livro "Mulheres em Telecom® – Volume I – Edição Poder de uma História" é um marco. Essa obra celebra as vozes femininas que estão transformando o setor de telecomunicações no Brasil e registra um importante avanço na luta pela equidade de gênero.

Em um mercado que movimenta bilhões e desempenha um papel importante na conectividade e no desenvolvimento econômico do país, destacar essas histórias de liderança feminina inspirará e motivará futuras gerações.

Vamos aos fatos. O setor de telecomunicações brasileiro é um dos mais dinâmicos e estratégicos para o desenvolvimento socioeconômico do país. A presença de empresas que crescem de forma sustentável e se destacam em um cenário de alta competitividade reforça a relevância deste mercado e a necessidade de mais inclusão feminina em áreas tão impactantes para o nosso futuro.

Como Conselheira de Administração (incluindo a Brasil Tec Par, uma das maiores representantes desse setor aqui no Brasil), é um privilégio observar de perto os avanços e os desafios enfrentados por mulheres em um ambiente tão competitivo. Em um cenário ainda marcado pela sub-representação feminina, este livro surge como um espaço de visibilidade e valorização, onde experiências de superação, liderança e inovação são compartilhadas por aquelas que desafiam normas, quebram barreiras e reescrevem o futuro do setor.

A Série Mulheres®, sob o selo editorial da Editora Leader, é mais do que uma coletânea de histórias; é um compromisso com a equidade e um convite à reflexão sobre a importância de amplificar vozes femininas em áreas-chave, como tecnologia e telecomunicações.

Cada relato neste livro nos leva a entender a profundidade das conquistas e a força das protagonistas, trazendo à tona um diálogo necessário sobre a transformação que mulheres podem promover no mercado.

Convido você, leitor, a mergulhar nestas trajetórias e a se inspirar com cada capítulo. Que essas histórias despertem curiosidade e admiração; que sirvam de inspiração para homens e mulheres se unirem em prol de um futuro mais inclusivo e justo. Agradeço à CEO da Editora Leader, Andréia Roma, por defender com coragem nossas histórias e dar vida a projetos pioneiros.

Tenho certeza de que esta obra provocará reflexões e, sobretudo, demonstrará que a diversidade de gênero é essencial para o progresso. Se o futuro é inovar, que tenhamos um ambiente mais diverso para ser o que a inovação tem de mais forte, pensamentos diversos.

O futuro que construímos será tão vasto quanto a diversidade de vozes femininas que ousarmos ouvir e empoderar. Isso destaca a importância da inclusão e do protagonismo feminino na construção de um futuro melhor.

Boa leitura!

Geovana Donella
Conselheira de Administração, Especialista Empresas Familiares.

Introdução
por Luciana Tannure

Somos feitas de inspiração e, através das nossas histórias, estamos conectadas para aproximar distâncias. Esse é o poder de uma história! De histórias reais a legados duradouros, conectamos sonhos, desafios e realizações para compartilhar, motivar e seguir transformando o mundo das telecomunicações.

Poucos setores no mundo são tão dinâmicos e, apesar de incentivos à diversidade de gênero, ainda existe um longo caminho a percorrer, vencendo barreiras e vieses de um ecossistema que continua predominantemente masculino. Nosso objetivo é engajar pelo exemplo, ampliar a visão para um movimento que fomenta a igualdade de gênero com mais respeito e oportunidades. Por isso, cada coautora brilhantemente compartilhou suas reflexões e desafios, agregou valor com a sua experiência, trazendo perspectivas que abrem espaço para o futuro do setor.

Todos os capítulos trazem em si uma marca individual, demonstrando o quanto podemos inspirar e encorajar quem busca referência e orientação na sua carreira. Nossa missão é iluminar o caminho para quem se motiva a ser mais e querer novos espaços. É sobre como podemos transformar o *status quo*, promover a prosperidade, e ampliar a visão sobre oportunidades na carreira, nas organizações e na sociedade.

Na essência, esta obra é uma revolução que gera valor ao mercado através de nossos desafios e oportunidades em diversas áreas de atuação. Esse é o poder das nossas histórias, o poder das nossas conexões que compõe com diversidade e sororidade a primeira edição de um projeto literário inédito, o "Mulheres em Telecom®".

Luciana Tannure
Coordenadora convidada

Sumário

Conectando histórias ao infinito 28
Luciana Tannure

Aproveite sua jornada! 40
Andrea Brotto

Bits e bytes de uma vida em telecomunicações 52
Andréa Campos

Vence aquele que acredita e faz 64
Andreza R. Bottaro Duarte

Gratidão e Oportunidades: um Caminho de Crescimento 76
Bruna Galo

Advogando e Pesquisando no Setor de Telecomunicações 88
Cibelle Mortari Kilmar

Fazendo tudo certo, não tem como dar errado! 100
    Claudia Viegas

Resiliência me Define 110
    Eliane Atilio de Oliveira

Deus abençoe o rolê 122
    Emilly Guter

**Transformando desafios em vitórias e
sonhos em metas** 132
    Fabiana Falcone

De sonhos a conquistas: uma história inspiradora 144
    Fernanda Paula Morete

Minha História, meu Legado 156
    Gisele Varoli

**Da Vésper à Claro via Embratel: Perspectivas
de uma Advogada Corporativa** 166
    Isabela Cahú

**Resiliência e Superação: Uma Jornada de
Perseverança e Conquistas** 176
    Luci Moreira da Silva Artero

Sonhos, fé e realização: caminhos para o sucesso 188
    Luciene Gonçalves

O baú e a bússola 198
    Maria Teresa Azevedo Lima

Engenharia é coisa de mulher!..210
    Marina Kallas

Determinação, resiliência e ousadia nos levam acima e além..222
    Marta Correia de Oliveira

Seja protagonista da sua jornada..234
    Michelle B. L. Ferreira

Recordações e Lições de Vida: uma Jornada de Sucesso..246
    Regiane Favorato

Valorize sua jornada, assim como você ela é única..256
    Regiane Sobral

Sempre gostei das senoides..266
    Renata Prieto

De assistente a gerente..276
    Tatiana Soares

Vencendo Desafios e Celebrando Conquistas..286
    Zuleica Pereira Ivo Rodrigues

História da CEO da Editora Leader e Idealizadora da Série Mulheres®..298
    Andréia Roma

Conectando histórias
ao infinito

Luciana Tannure

É uma profissional multifacetada que contribui para o desenvolvimento, expansão e sucesso de empresas e líderes. Com formação versátil, se intitula como Life Long & Wide Learner e em suas palestras aborda os temas de liderança à prova de futuro, inovação e economia prateada. Especialista em estratégia, planejamento e gestão de negócios, é mentora empresarial e de líderes. Board member, conselheira consultiva certificada, vice-coordenadora da Comissão de Governança e Estratégia Empresarial pela Board Academy BR. Executiva com mais de 30 anos de experiência em empresas nacionais e multinacionais, exerce posição de liderança há mais de 20 anos no mercado de telecomunicações. Engenheira formada pela PUC-RJ com MBA em Gestão Empresarial pela Fundação Getulio Vargas (FGV) e pós-graduação em Finanças Corporativas e Sistemas de TI, é coautora no livro "Os Conselheiros – volume 1" e coordenadora do primeiro volume da obra "Mulheres em Telecom®", além de possuir vários artigos publicados na Revista RI, mídia especializada do mercado de capitais.

"De que adianta ser luz se não for para iluminar o caminho de outros?" Walt Disney

Ao completar 50 anos, decidi me permitir um rápido, mas essencial período sabático de carreira e vida. A minha busca pelo essencial na maturidade me direcionava pelo propósito e me instigou a pensar à frente. Importante perceber que, ao longo da vida, meu propósito foi adaptando-se e me permitiu avançar com provocações mais bem sedimentadas. Essa é a beleza de se permitir ressignificar a vida e buscar novas possibilidades, uma nova perspectiva, um novo olhar sobre as oportunidades que apontam sempre para novos horizontes. Isso me fez colocar o pé na água e me inspirou a mergulhar em um mar de oportunidades que aparecem de onde menos esperamos.

No ano de 2022, logo após esse período sabático, quando me certifiquei como conselheira consultiva, estive no lançamento do primeiro volume da edição de "Mulheres no Conselho", da Editora Leader, quando pude conhecer o Selo Editorial Série Mulheres®, referência no Brasil em iniciativas femininas no mundo editorial. A dedicatória manuscrita de Geovana Donella, apesar de simples, me tocou profundamente. Pude conhecer o efeito Donella através de uma aula inspiradora na Board Academy, e, ao debulhar cada página do volume 1 do "Mulheres no Conselho®", a mensagem de Tania Moura e as histórias de outras referências maravilhosas me impulsionaram a contactar Andréia Roma, a idealizadora da série. Instigada pela D&I nos conselhos e nas altas lideranças nas empresas, a atenção para o plano de ação global proposto pela ONU na Agenda 2030 me impulsionou a coordenar a realização do Mulheres em Telecom jogando luz nesse setor sobre a ODS 5, que trata da igualdade de gênero e empoderamento de todas as mulheres, fortalecendo a liderança em todos os níveis na tomada de decisão e contribuindo com esse legado apresentado neste primeiro volume do Mulheres em Telecom.

Partindo desse propósito, me vi como uma semente em terreno fértil onde sedimentei meus anos de carreira em telecomunicações. Apesar de um segmento historicamente ocupado por maioria masculina, a liderança feminina cresceu no setor ao longo dos últimos anos e com algum espaço, afirmo que somos formadas por histórias inspiradoras! A minha maior conquista nessa jornada foi conectar as histórias inspiradoras das coautoras que aderiram ao projeto e respeitar aquelas que não se sentiram parte neste momento. Esse olhar acolhedor requer intencionalidade e muita energia de todas nós, lideranças reais nesse setor para, de fato, nos colocarmos nos papéis e responsabilidades que queremos assumir, com equilíbrio, leveza ou firmeza, trazendo nossa missão como referência, por direito.

A obra "Mulheres em Telecom" é mais que uma oportunidade para compartilharmos nossas experiências, aprendizados e conquistas ao longo de nossas carreiras. Como coordenadora deste primeiro volume, meu objetivo foi promover a diversidade de atividades, funções e de perfil que o mundo das telecomunicações abarca. Apresentar os nossos desafios, dúvidas, oportunidades e muito do que faz sentido para cada uma de nós como bandeira e marca do nosso protagonismo em vencer barreiras e agregar com o poder da nossa história para as outras gerações. Tudo isso indica que nós podemos estar onde quisermos. Poucos setores no mundo são tão dinâmicos e, certamente, as empresas desse setor buscam constantemente inovar em serviços, infraestrutura e trazer a revolução tecnológica para os seus clientes e para a sociedade, aproximando fronteiras. Eu acredito no poder de transformar pelo exemplo e no impacto que poderemos gerar em outras pessoas, principalmente nas mulheres. Poderemos inspirar e encorajar todos que estão em busca de referências e orientações nas suas carreiras. Esse é o poder transformador de nossas histórias, independentemente de nossas áreas de atuação, promovendo a diversidade e deixando um legado!

Aproximar distâncias, por mais pontes que muros

Naquele 14 de agosto de 1971, nasci respirando o mundo das telecomunicações. Filha de pai engenheiro formado pela PUC, cresci ouvindo histórias das viagens ao Japão e a outros países europeus. Nitidamente, minha memória de infância remete a uma tela da estação terrena de Lessive na Bélgica, desenhada com traços finos, que pairava emoldurada na parede de casa. Mesmo sem uma real dimensão à época, ouvia e imaginava os contos do "desbravador" acerca de suas vivências profissionais em países distantes ou mesmo nos longínquos estados brasileiros. À época de meu nascimento, as chamadas internacionais que meu pai fazia do Japão para o Rio precisavam de conexão através de telefonistas e cresci ouvindo sobre entroncamentos e sistemas de rádio micro-ondas, sobre implantação de comunicação de longa distância, sobre as viagens para interligação das rotas Campo Grande, Corumbá, Cuiabá, Porto Velho e Manaus. Era a interiorização das telecomunicações provendo essa infraestrutura ao país. Alguns anos depois, na adolescência, vivi a era dos primeiros computadores e através do Projeto Ciranda da Embratel pude participar de oficinas de computação e ganhei um CP-500 para dar os primeiros passos no mundo da ciência e tecnologia. Costumo afirmar que nada é por um simples acaso e hoje, resgatando o passado, consigo interpretar que há bastante fundamentação em referências que orientaram minha formação.

No último trimestre de 1988 surgia a internet no Brasil, por iniciativa da comunidade acadêmica de São Paulo e do Rio de Janeiro e, no primeiro semestre de 1989, tomei a decisão de iniciar minha formação como engenheira elétrica com ênfase em telecomunicações na PUC-RJ. A palavra telecomunicações inclui o prefixo grego tele, que significa "distância" e pela etimologia da palavra significa comunicações a distância. O conceito de telecomunicações remete a todas as formas de comunicação à distância, incluindo a telefonia, o rádio, a televisão e a transmissão de dados através de computadores.

Entendo que tal decisão foi impulsionada pela minha visão de que existiriam grandes oportunidades nesse segmento e no futuro dos negócios, considerando a necessidade de facilitar a comunicação, encurtando distâncias. O setor, de fato, é essencial aos negócios no Brasil e no mundo. Hoje, mais que nunca, facilita nosso dia a dia. O conceito de comunicação vem do latim 'communicare', que significa tornar comum, compartilhar. Enfim, pensar no comungar de ideais é ter como missão comum melhorar a qualidade de vida das pessoas através do acesso à informação e proporcionar soluções tecnológicas para a sustentação dos negócios, exatamente o que nos leva como agentes nas empresas do setor de telecomunicações a provermos a premente ampliação da comunicação à distância.

Apesar de formada em 1995, desde o ciclo básico fiz estágio em empresas, de transportes urbanos ao setor elétrico, que adotavam controles de suas operações críticas usando sistemas de comunicação. Ainda com o mercado de telecomunicações não privatizado, decidi por ampliar horizontes na área de Tecnologia da Informação (TI) vislumbrando que Telecomunicações e TI teriam grande sinergia. Apesar da evolução das telecomunicações, o mercado continuava desafiador para as mulheres de STEM (*science, technology, engineering & mathematics*) que precisavam ainda lutar pelo seu espaço no mercado de trabalho. Resiliência era o nome do jogo!

Planejamento e estratégia, foco em execução me impulsionaram a conquistar minhas realizações e ser reconhecida pelas minhas entregas. De olho na evolução do mercado e com autoconhecimento trabalhado consistentemente a partir de sucessivos nãos, tomei a primeira decisão de pivotar a minha carreira abraçando de vez a minha atividade *core* de formação. Em abril de 1999, com o mercado aberto, eu iniciava definitivamente a minha carreira como uma Mulher em Telecom!

Trabalhei em multinacionais e em empresas nacionais ou regionais. Construí uma carreira muito diversificada através de experiências vividas em variadas áreas, de engenheira comercial a gerente regional, planejamento estratégico, projetos complexos, PMO, PMI, líder especialista em fusões e aquisições, líder de mercado em *due diligences*, gerente executiva de Integração e gerente de performance operacional e especialista em marketing de produtos. Considero-me uma profissional multifacetada e versátil, hoje conceitualmente designada como uma profissional "T-Shaped".

Casei-me no ano 2000, e minha filha nasceu em outubro de 2003. Trabalhei ininterruptamente durante toda minha gestação e na minha licença-maternidade não recebi visitas dos meus colegas de equipe, mas um carinho enorme de algumas parceiras da área comercial com as quais mantenho contato até hoje.

Intitulo-me *life wide & long learner!* Sempre gostei muito de estudar e viajar. Viajar é trocar a roupa da alma! Meus investimentos foram direcionados para ampliar minha bagagem cultural e conhecimento, desenvolvimento de habilidades e vivências. Por hábito, estudo em torno de uma hora e meia a duas por dia. Tive saltos de carreira muito associados ao término das minhas formações e, por base, associo meu crescimento profissional às relações de causa—efeito induzidas pelo desconforto ao qual me coloco consistentemente.

Minhas maiores dúvidas durante a carreira sempre foram resolvidas quando me coloquei à prova. Uma dica de ouro é "Mantenham-se na Zona de Desconforto". Manter-me em zona de desconforto é um aprendizado constante que me faz vencer a zona do medo, ultrapassar a zona de aprendizagem, passar pela minha zona de crescimento, quebrando as barreiras que me forem impostas em prol do atingimento de minhas metas.

Quando minha filha completou um ano e quatro meses, decidi questionar o *status quo* da minha condição de segurança e novamente me joguei do penhasco para alçar novos voos. Lancei-me para a minha segunda pós-graduação, Finanças Corporativas. Um pouco mais tarde, em 2008, minha filha entrando na alfabetização, avancei para um MBA em Gestão Empresarial pela Fundação Getulio Vargas (FGV). Havia um desconforto muito grande naquele momento e eu precisava criar alternativas para crescer. O momento me exigia alta performance para agregar à vida pessoal e profissional. Quase insano! Essas duas formações em tão pouco tempo me desafiaram como mãe, e me permitiram enfrentar dois saltos sucessivos de carreira em menos de cinco anos. Mantenha-se em movimento e as oportunidades aparecerão. Mentoria como investimento!

Em 2007, deixei uma multinacional de telecomunicações e fui para uma empresa regional, culturalmente muito forte em valores, propósito e história. Nessa empresa construí uma carreira de reconhecimento e me sinto grata por cada oportunidade que conquistei. Passei por muitas funções, cresci na carreira e, com protagonismo, alcancei o tão almejado cargo executivo.

Pelo que construí na minha carreira, deixo registrados dez aprendizados:

1) Acolha e traga solução para a dor do cliente. Atuar com vendas consultivas me trouxe uma bagagem diferenciada no mercado.

2) Não tenha medo de mudanças. Sair de uma empresa

grande e mudar para uma empresa menor é uma alternativa, desde que você seja protagonista e aceite ser o líder da sua jornada. Coloque-se à prova constantemente.

3) Viva pela mentalidade de crescimento, expansão, *growth* ou qualquer possibilidade de agregar experiências exponenciais.

4) Abrace as oportunidades de aprendizado, mesmo que a pivotagem seja por uma lateralização da sua carreira. Foi assim que me realizei trabalhando com ciclos de planejamento estratégico e liderando times de planos de negócios de expansão orgânica e inorgânica, projetos complexos, fusões e aquisições, integração de empresas.

5) Se há confiança no seu líder e ele convidar você para um projeto que não possua ainda uma estrutura de ação bem definida, não pense duas vezes, mergulhe fundo e seja protagonista criando uma história. Aconteceu comigo duas vezes e foi demais!

6) Acredite na multidisciplinaridade. A mentalidade de abundância durante a execução da estratégia é acreditarmos que existirão recursos suficientes e podemos criar mais valor trabalhando juntos.

7) Pense em inovação, acolha a transformação digital e a multigeracionalidade.

8) Decisões cruciais ao longo da minha carreira foram moldadas por meus valores e intencionalidade. Tenha clareza e honre seus valores inegociáveis.

9) Cuide da sua saúde mental e não deixe que joguem a "pá de cal". Alguns tentarão agir assim! Defenda suas crenças e valores e saiba dizer não! Enfrente seus pontos de inflexão!

10) Considerando que sempre existirão novos desafios, avalie se há transparência e ética, valores sustentáveis e exercite a adaptabilidade.

A ética orienta o nosso senso de coletividade e a colaboração para vivermos na sociedade buscando sempre o bem comum. O letramento sobre governança corporativa me impulsiona a adotar na minha carreira os fundamentos presentes na 6ª edição do código do IBGC: a "ética embasa os cinco princípios de governança corporativa – integridade, transparência, equidade, responsabilização (*accountability*) e sustentabilidade – e as melhores práticas para alcançá-los".

O valor sustentável traduz quaisquer ações em resultados de longo prazo, remete a perenidade de entregas que refletem em longevidade. E, não menos importante, a adaptabilidade servirá para transformar resiliência em antifragilidade diante de mudanças.

Nunca acreditei em sorte, mas sempre acreditei que oportunidades devem ser abraçadas sem pestanejar. Se a "sorte" ou a oportunidade me encontrar, que eu esteja preparada e habilitada a abraçá-la. *"Rise the Bar."*

Viver é bom, partida e chegada, solidão, que nada

Cazuza reflete nessa letra a intensidade da vibração pela busca por novas experiências e da rejeição à solidão, sendo metáfora que ilustra a constante mudança e o desejo de viver intensamente.

E, assim, retorno ao ano de 2022. Com certeza, foi um ano de decisões muito importantes que me remetem a quem sou hoje e me faz uma líder Triplo A, à prova de futuro. Comecei a estudar pesadamente sobre governança corporativa, me certifiquei como conselheira consultiva e me especializei em Lean Governance com o propósito de ampliar os princípios de governança proativamente em empresas de médio e pequeno porte, *startups* e *scaleups*. Sou imparável na minha jornada de aprendizado contínuo, e transbordo conhecimento através de palestras, mentorias para desenvolvimento de carreira de líderes e executivos. Encontro felicidade em ter meus artigos publicados na *Revista RI*, mídia especializada do mercado de capitais. Consigo impactar pessoas através de minhas palestras sobre a liderança à prova de futuro, a liderança Triplo A – o arquétipo do líder que pode ser mais valorizado e reconhecido no mercado, falo em perspectiva sobre inovação, gestão empresarial, e economia prateada. Aprendi a me desconstruir para me reconstruir. Aprender a reaprender.

Não me importo com cargo, mas tenho atenção a papéis e responsabilidades. Prezo por fazer algo convergente com o que mais acredito. Trabalhar com marketing de produtos me faz ir além pelo desafio de acreditar que é possível criar oportunidades no setor de telecomunicações, conectar soluções e inovação, transformando a sociedade, tornando-a mais inclusiva e justa.

> *"Antes o mundo era pequeno porque a Terra era grande; hoje o mundo é muito grande porque a Terra é pequena, do tamanho da antena 'parabolicamará'."*

Gilberto Gil canta e resume o caminho percorrido pela humanidade no sentido de aproximar pessoas. Falar em antenas parabólicas hoje é um tanto ultrapassado, mas ainda adotado em algumas regiões. Vivemos atualmente na era das fibras óticas, das redes móveis em 5G, casas conectadas, internet das coisas, inteligência artificial, tecnologias disruptivas que suportam a demanda de conexões cada vez mais velozes e coloca-nos em uma situação complicada com relação a previsões de longo prazo. Certamente, imaginar como funcionarão as empresas de telecomunicações no futuro é quase como ter uma bola de cristal para definir o amanhã. Portanto, nesse setor, é melhor trabalhar com tendências dada a velocidade no desenvolvimento de novas tecnologias. Assim, posso afirmar que o futuro para os negócios de empresas no segmento de telecomunicações não será amanhã, mas será agora.

Sustentabilidade e educação de qualidade embasada em prestação de serviço essencial de conectividade, agregando tecnologias digitais e cultura de tratamento e avaliação de dados será a contribuição para uma sociedade com mais equidade. Tudo isso segue rumo à transformação da educação em direção de um país melhor pela melhoria no IDH e pelo crescimento econômico. É responsabilidade social do setor de telecomunicações seguir à frente, encurtando as distâncias, buscando ser inclusivas e facilitar a vida de todos.

De fato, observa-se que o setor não está alheio a esse movimento, como comprovam os recentes avanços em nosso país. Muitas empresas do setor seguem ampliando a universalização da conectividade à internet, principalmente nas escolas, direcionando esforços para melhorar a educação no país. O pensar estratégico nas empresas de telecomunicações não deve dissociar dos incentivos a inclusão e a diversidade. As práticas ESG, se feitas de forma genuína e com governança, incentivarão que as oportunidades que o mundo digital oferece sejam universais, contribuindo de forma positiva para a transformação das empresas e da sociedade. Convido-os a refletir que a área de atuação das telecomunicações é um terreno fértil e aqueles que estão nela inseridos precisam ser capazes de perseguir a melhoria do acesso à informação e à conectividade, promovendo uma sociedade mais democrática, diversa, inclusiva e socialmente justa.

Se somos reconhecidas pelo valor que criamos, isso é fruto de muita preparação, exercício de disciplina e desenvolvimento de competências, uma marca pessoal forte e, não menos importante, uma boa reputação no setor. O poder de cada história apresentada como parte do "Mulheres em Telecom" é a certeza que somos líderes capazes de impactar positivamente o futuro que se mostra logo à frente.

Agradeço ao meu pai pelas histórias que me inspiraram, e dedico este capítulo à minha filha, Giovanna Tannure, assim como à minha mãe, fortaleza e superação na criação das quatro filhas.

Aproveite sua jornada!

Andrea Brotto

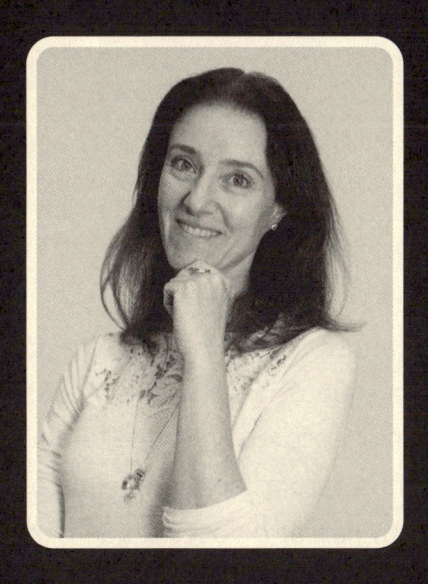

Formada em Administração de Empresas pela FEA-USP, passou pelo setor de consultoria na Monitor (atual Monitor Deloitte) e BearingPoint, com foco em elaboração de projetos de marketing e CRM. Em 2003 uniu-se ao grupo Telefonica no segmento de linhas fixas, empresa em que trabalhou por 18 anos, atuando nas áreas de novos produtos (linhas fixas, TV e banda larga), Vivo Fibra, pós-vendas e Tecnologia da Informação, na transformação digital no segmento B2B. Hoje atua com produtos, projetos e customer success na FiBrasil (empresa de rede neutra). Concilia com a vida profissional projetos de mentoria pro bono como o Nós por Elas (liderado pelo Instituto Vasselo Goldoni), no qual já esteve em mais de seis edições. Atualmente está em processo de certificação sobre Lean Governance pelo Board Academy.

LINKEDIN

Fiquei muito feliz com o convite para escrever sobre minha trajetória pessoal e profissional, junto a outras mulheres incríveis que também aceitaram este desafio. Não foi uma tarefa fácil juntar histórias e escolher as palavras certas para passar a vocês o que considero parte relevante de se compartilhar neste capítulo. Queria que fosse um relato leve, mas, ao mesmo tempo, que trouxesse os diferentes papéis que temos na sociedade, o desafio que é conciliá-los, as fases de sucesso e as frustrações das jornadas profissionais e pessoais. Mostrar que, assim como vocês que estão lendo este livro, aqui deste lado tem uma pessoa comum, com forças e fraquezas, e que teve a oportunidade de trazer um recorte da sua história para, de alguma maneira, ajudar na trajetória de vocês. Obrigada por dedicarem o seu bem mais precioso, o tempo, para caminhar comigo pelas próximas páginas.

Uma volta rápida sobre quem eu sou

Nasci em São Paulo, sou a mais velha de três irmãs. Passei minha infância na capital paulista. Mudamos para Arujá, uma cidade próxima à capital, na busca de uma vida mais tranquila e lá vivi minha adolescência e início da vida adulta. Quando terminei a 8ª série precisava optar por uma escola em outra cidade, pois não tinha ensino médio por lá. Uma querida amiga (mantemos contato até hoje) me fez uma proposta para prestarmos o vestibulinho no Colégio Bandeirantes em São Paulo, e assim voltei para a capital paulista para estudar, me mudei para cá e por aqui continuo até hoje com minha família.

Como o mundo de telecom chegou até mim

Cursar Administração de Empresas foi uma escolha por falta de uma opção mais certeira na época. Indecisa por natureza, não tinha uma grande ambição formatada como muitos amigos, de ser engenheira ou advogada, de seguir a carreira disso ou daquilo. Acredito que muitas pessoas, até hoje, escolhem esse curso por ter um leque de opções enorme, mesmo com tantas outras profissões no cardápio atualmente. Fui uma delas e cursei sem saber bem para onde queria seguir. Mas como o caminho se faz caminhando, segui em frente!

Fiz grandes amizades, curti a faculdade, amadureci. No último ano resolvi fazer um intercâmbio. No meu primeiro estágio, em uma loja de material náutico como auxiliar de importação, guardei todos os meus salários para pagar a tão sonhada viagem para os Estados Unidos, país onde queria trabalhar.

Fui para um parque aquático no esquema *summer job* americano, que não foi nada glamuroso, foi bem árduo, por sinal, mas que me deu de presente uma fluência no inglês e uma viagem incrível mochilando pelos Estados Unidos com o dinheiro que ganhei. Para pagar minhas últimas dívidas dessa empreitada, quando voltei para o Brasil, fui trabalhar como vendedora temporária numa loja de brinquedos na época do Natal, num turno das 9h às 23h todos os dias do mês de dezembro.

Cumpri minha meta, paguei o cartão e no início do ano retornei para a faculdade.

Essas primeiras experiências de trabalho me deram muitos "calos" para a vida. Ficar longe de casa, saber me virar nos momentos difíceis sem apoio, tomar as decisões por conta própria. Aprender em quem confiar/não confiar. A gente começa a dar valor a coisas simples, ao convívio com família e amigos, e, também, se prepara para encarar novos desafios, mesmo com medo, pois ele faz parte, só não pode nos paralisar.

Terminei a FEA-USP estudando à noite, pois tinha conseguido um estágio na Philips Latam, divisão de lâmpadas, na área de controladoria. Nessa época, início do ano 2000, as empresas de consultoria estavam no topo da lista das queridinhas dos recém-formados. Vinham com excelentes pacotes de benefícios, salários duas a três vezes maiores do que de outros programas de *trainee*. Fui trabalhar como consultora em uma delas nesse período. Aluguei um apartamento, fui morar sozinha pela primeira vez, pagando 100% das minhas contas, o que foi um movimento muito importante, afinal, a escolha da faculdade, o primeiro emprego têm um objetivo muito nobre de nos tornar pessoas autossuficientes. Foi nessa época também que conheci meu marido. História bem interessante de coincidências ou destino, ou como você gostar de chamar essa passagem da minha vida.

Estava numa festa com algumas amigas, adorava sair para dançar (ainda gosto, é um dos meus momentos mais felizes). Conheci meu marido nessa noite. Mas a graça desse encontro está no fato de nossas famílias já se conhecerem antes mesmo de nós dois termos nascido! Nossos pais eram amigos de adolescência, conviveram na juventude, mas depois se distanciaram. Foi um momento especial quando contamos a eles sobre nosso namoro e pudemos juntar novamente essas amizades de tantos anos.

Após um ano e meio nessa empresa fui demitida, o que para uma pessoa recém-formada trouxe um misto de frustração, medos e incertezas que nunca havia passado antes. Tinha feito a escolha certa? Era competente o suficiente? Confesso que demorei para superar essa passagem na minha carreira.

Mas foi por conta dessa demissão que comecei minha história em telecom. Com a saída da consultoria fui para a Telefonica em 2003, não entendia absolutamente nada desse mercado, era apenas usuária do telefone fixo, da internet e do celular, como qualquer pessoa.

Podia não entender de telecom, mas sabia tocar projetos. E saber fazer isso é quase uma ferramenta universal se você souber combinar bem alguns *hard skills* com outros *soft skills*. Se possui conhecimento de boas ferramentas de gestão, uma boa organização, disciplina e iniciativa, visão de fluxo e de impacto das decisões, consegue desenvolver relacionamento com áreas-chaves (quem trabalha com projetos vai me entender nesse ponto, ninguém faz nada sozinho), sabe analisar riscos, antecipá-los, dar o ritmo certo no seu cronograma, saber quem são seus interlocutores mais importantes e para quem deve pedir ajuda quando preciso for, você praticamente pode implantar qualquer coisa.

Entrei como consultora na telefonia fixa, cuidando da mudança de tarifação pulso para minuto e criando produtos de linhas telefônicas residenciais.

Em 2004 me casei e, após dois anos, fui promovida a gerente e selecionada para desenvolver o primeiro produto de TV do grupo. Novamente o desafio de não entender como funcionava uma TV por satélite (tecnologia DTH) e precisar aprender coisas curiosas como o impacto da interferência solar na transmissão das imagens, pois os sinais de alguns canais eram interrompidos durante esse evento. Se por um lado havia mais um desafio de entender como era o produto que queríamos lançar, por outro comecei uma jornada no que é uma das maiores paixões da minha vida: cuidar das pessoas.

Ser gerente novo é difícil! Você ainda tem aquele vício de querer fazer tudo sozinha, não sabe delegar, tem medo das coisas saírem fora do controle. Mas esse caminho entre se desapegar das atividades operacionais para cuidar de cada pessoa que trabalhava comigo, ter uma visão mais estratégica da área, foi revelador para mim.

Minha filha mais velha, a Bia, nasceu durante o lançamento desse produto. E começa um capítulo novo no equilíbrio dos pratos de toda mãe executiva: conciliar maternidade com o trabalho. Há 15 anos não tínhamos as ferramentas de comunicação que temos agora, nem se falava em trabalho remoto. Queria continuar amamentando, mas não havia sala para tirar leite no escritório. Buscava salas vazias no prédio, levava a malinha e gelo para manter o leite conservado. Amamentei a Bia assim até os oito meses e a Juju (nasceu durante outro desafio chamado Vivo Fibra, que conto mais adiante) até um ano. Minhas filhas ficavam em uma escola de período integral, mas já eram figurinhas carimbadas no trabalho, pois filhos pequenos significam viroses e mais viroses e, quando não podia levá-las na escola, iam comigo para o escritório. Até hoje elas se lembram com muito carinho das pessoas da minha equipe que gentilmente ficavam com elas enquanto eu atendia a uma chamada ou participava de uma reunião.

Do DTH e das linhas de cobre, passamos para uma nova tecnologia: fibra óptica. Na época a Vivo criou uma diretoria para cuidar dela. Éramos cerca de dez pessoas e fui uma das gerentes seniores chamadas para o projeto. Entendia de fibra? Não, porém entendia da empresa, de como as coisas andavam (e as que precisavam de um empurrãozinho) e novamente minha experiência em cuidar de novos projetos, montar times e fazer acontecer foram meus diferenciais. Essa foi uma das jornadas profissionais mais marcantes da minha carreira. Lembro que formávamos um comitê semanal com as nossas áreas de Engenharia e Tecnologia para entender a jornada de cada cliente, se tínhamos vendido e instalado corretamente, se o serviço estava funcionando. Hoje são milhares de casas conectadas, tanto com banda larga como com o IPTV (serviço de TV da mesma tecnologia).

Vi o DTH chegar no seu auge e depois ser descontinuado. Vi a fibra avançar rapidamente no mercado como o melhor produto de banda larga de São Paulo.

Passamos por grandes transformações organizacionais, fusões com outras empresas de *telco*, mudanças na estrutura e na liderança inúmeras vezes. O mundo de telecom é assim, constantes movimentos, novas tecnologias surgem, outras se tornam obsoletas. O que não mudava era a minha paixão crescente pelo papel de líder que cada vez mais vinha tomando corpo na minha trajetória.

Após lançar a fibra, passei pela área de pós-vendas e fui convidada a liderar a transformação digital do aplicativo do segmento B2B. Saí de um time com três gerentes e mais de 20 pessoas para trabalhar com um grupo onde éramos cinco, ainda sem nenhuma estrutura montada. Novamente não foi meu conhecimento técnico que contou nessa movimentação, mas sim a capacidade de colocar um novo projeto disruptivo em movimento. Confesso que fiquei muito preocupada se ia dar conta, afinal eu nunca havia trabalhado com tecnologia de informação diretamente e agora seria responsável por liderar uma nova tecnologia para o *ecare* do Meu Vivo Empresas. De cinco pessoas passamos a mais de 20 em um ano. O Meu Vivo Empresas ganhou prêmio

47

de um dos melhores projetos da Vivo em 2020 e um time maravilhoso se formou e até hoje cuida com carinho desse projeto.

Quando a pandemia chegou, além de cuidar do *ecare* do B2B, eu também era responsável pelo *workplace* da Vivo. A área de *workplace*, resumidamente, é a que provê ferramentas (*hardware* e *software*) para que as pessoas possam exercer suas funções na empresa. Se antes da pandemia o serviço de banda larga já era importante para a população, durante esse tempo cheio de isolamentos e incertezas passou a ser item de necessidade básica e a Vivo precisava manter seus serviços ativos. Conseguir computadores para que todos os colaboradores pudessem trabalhar de suas casas, desviar o atendimento para que nossos atendentes mantivessem o cuidado com os clientes sem precisar deixar seus lares passou a ser uma gincana logística durante o mês de março, quando o *lockdown* bateu na nossa porta. Precisávamos garantir os serviços funcionando para que as pessoas pudessem usufruir do único meio de contato viável naquele momento, o contato digital, pois o humano se limitou ao pequeno núcleo familiar por vários meses. Tudo era feito pela internet: aulas, trabalho, consultas médicas, mercado, festas de aniversário e *happy hours*.

Uma vez, numa daquelas divagações sobre nosso propósito e questionamentos que ocorrem de tempos em tempos, conversando com um dos meus líderes mais importantes, eu o questionei sobre a importância da nossa atividade no mundo de telecom. Nosso trabalho, ali no escritório, conectando pessoas através da banda larga, não me parecia tão impactante quanto o de um médico cuidando de um paciente. Ele sabiamente me respondeu: "Nós conectamos as pessoas com o mundo inteiro... você não acha isso relevante?". E na pandemia isso se consolidou de um jeito tão forte, que hoje não tenho dúvidas que o segmento de telecom e as pessoas que trabalham nele exercem um papel tão nobre como todos os demais.

Sobrecarga de atividades e preocupações sobre como sobreviveríamos àquela pandemia acabaram impactando minha saúde mental. Tive *burnout* sem entender muito bem o que era isso. Foi minha gestora na época que identificou que minhas frequentes crises de choro durante as reuniões (fechava a câmera, mas claramente se via que algo havia acontecido) não eram nada normais. O *burnout* é silencioso, você só se dá conta quando não consegue mais lidar com as emoções de ansiedade e de tristeza. Eu achava que era apenas cansaço, dada a situação daqueles meses, mas não percebia o quanto o desequilíbrio já estava consumindo a minha saúde. Depois desse episódio passei a ter um olhar muito mais atento ao meu time. Como é importante um líder estar presente na vida das pessoas com quem trabalha, com escuta ativa e atenção plena, seja nas reuniões diárias, seja durante as conversas de 1:1 ou *feedbacks*. Fica muito mais facil identificar situações como essa e ajudar em tempo de não se tornar um problema maior.

Aos 45 anos, aquela idade em que muitas pessoas se questionam sobre o que fazer com a próxima metade da vida, se está ou não na hora de fazer mudanças em sua trajetória, também me peguei reflexiva sobre minha vida e carreira. Estávamos saindo da pandemia e comecei a questionar sobre toda essa bagagem de vida e de empresa que havia construído. Na Vivo algumas gerentes recém-promovidas me procuravam pedindo orientação sobre como eu conseguia conciliar a vida de executiva e de mãe, como cuidar do time de maneira respeitosa, mas garantindo a entrega de projetos tão relevantes e com tanto resultado. Não sabia ao certo como ajudá-las, apenas contava a minha história, orientava em alguma situação específica, mas de maneira ainda pouco estruturada. Mas eram conversas que me deixavam naquele estado chamado de *flow*, quando fazemos uma atividade com tanto envolvimento e tão genuinamente conectados, que nem percebemos o tempo passar. Fiz um curso para me preparar melhor para esses momentos de mentoria que me abriu portas para um projeto de mentoria voluntária para mulheres do qual participo até hoje.

Saí da Vivo após 18 anos para uma *startup*, com o objetivo de montar uma área para cuidar da implantação de clientes em rede neutra, um novo modelo de negócio que havia sido iniciado há pouco tempo no Brasil. Novamente o conhecimento técnico tinha seu peso, mas a proposta de iniciar algo novo, entender os processos, montar a área trazendo as pessoas certas foi aonde meu perfil se encaixou.

Quando olho para trás e vejo a trajetória que me trouxe até aqui, nunca teria escrito minha jornada dessa maneira. Fui descobrindo minhas habilidades, minha vocação e minhas paixões no decorrer do caminho. Como todas as mulheres, me deparei com momentos de conflito, principalmente pela escolha que fiz de manter minha vida profissional e ser uma mãe muito presente na vida de minhas filhas e da minha família.

O mundo de telecom me trouxe experiências incríveis, amigos especiais, líderes inspiradores, e a certeza de que a vida e a tecnologia são movimento sempre!

Se você já se aventura ou vai se aventurar por essas bandas, deixo algumas dicas:

- Seja humilde – você nunca vai saber tudo sobre um tema, então ouça as pessoas, busque informação, reveja suas opiniões e conceitos sempre que necessário. Reflita sobre os *feedbacks* que receberá.

- Cuide de você – se você não fizer isso, ninguém vai. Autoconhecimento para entender seus gatilhos, seus limites é importante e saudável.

- Se você é líder, cuide do seu time – crie um ambiente feliz para se trabalhar, seguro (onde todos possam dar suas contribuições), com escuta ativa, empatia, objetivos claros e *feedbacks*.

- Revise a distribuição de seu tempo no que é prioritário na sua vida – em cada momento de sua vida as áreas de prioridade mudam. Revise constantemente e veja se você está dando foco para o que importa naquele momento.

E, por fim, aproveite a jornada – nem tudo sairá como planejado, mas, quando você olhar para trás, verá que tudo fez sentido!

Bits e bytes de uma vida em telecomunicações

Andréa Campos

Atualmente, diretora de Processos e Qualidade - Experiência do Cliente na Claro Brasil. Experiência profissional em varejo, telecomunicações, serviços e tecnologia. Formações e vivências em Marketing, Recursos Humanos, Gestão pela Qualidade Total, Sistemas de Gestão, Processos e Negociação, tendo passado por instituições como Faap, FGV, PUC, Harvard University / CMI. Conselheira da formação Theory and Tools of the Harvard Negotiation, em Harvard, exclusiva para mulheres de países de língua portuguesa. Ativa em causas sociais e humanitárias no Brasil, na África (Moçambique) e Índia (Hyderabad).

LINKEDIN

Nunca pensei que fazer uma autobiografia seria tão difícil! Sem dúvida, é um exercício profundo de imergir em nós mesmos lembrando momentos, memórias, erros, acertos, perdas, conquistas e sendo tomada por diferentes sentimentos como nostalgia, gratidão e até constrangimento, pois várias lembranças me fizeram rir de mim mesma. De certo, tenho uma trajetória formada por diferentes camadas, algumas subidas íngremes, tombos, muito trabalho e realização de improváveis sonhos.

Carreira

Minha história em Telecom começou em 1998. Era recém-casada, recém-formada, já tinha trabalhado como microempreendedora (com 17 anos eu e minha irmã tínhamos uma loja e tocávamos praticamente sozinhas), possuía uma pequena experiência em uma empresa do varejo e em uma consultoria de Gestão pela Qualidade Total (um aprendizado extraordinário junto à Fundação Christiano Ottoni, Prof. Vicente Falconi Campos e a empresas como Gerdau, Vale do Rio Doce, Shell, Brahma, Sadia, Governo). Neste ano, eu estava empregada no setor de tecnologia, envolvida e aprendendo com os novos serviços de comunicação interativa - assim eram chamados o Netscape*, Zipmail*, os 0800* e 0900*. Eu acreditava estar com uma carreira promissora e interessante. Tudo parecia encaminhado na minha vida quando, ao ler algumas matérias abordando uma novata no mercado, uma tal de TV por assinatura, fiquei curiosa e comecei a pesquisar a respeito.

Em São Paulo, eram duas empresas: NET São Paulo e Multicanal. Conversei com algumas pessoas, mas todas eram unânimes quanto à opinião de que era um produto muito elitizado e que não se sustentaria no Brasil. Entretanto, quanto mais eu pesquisava, mais me entusiasmava. *"Brasileiro sempre amou TV! Por que não investiria também nos programas fechados? Nossa economia era emergente, as marcas e os acionistas envolvidos eram poderosos."* Estes eram alguns dos meus pensamentos. Além disso, na ocasião, muitas agências de propaganda e veículos como o Meio & Mensagem anunciavam e promoviam as programadoras e as TVs por assinatura.

Eu peguei a lista telefônica* ou Páginas Amarelas*, não tenho certeza, descobri os telefones e os nomes dos principais executivos das duas empresas e mandei, pelos Correios e por fax*, uma apresentação profissional parecida com um currículo, falando do meu interesse pelo segmento, pela empresa, pelos produtos. Mandei para a NET São Paulo e para a Multicanal e as duas me chamaram! Passei por uma entrevista e, na NET, mais parecia uma sabatina com várias pessoas sendo chamadas à sala para que perguntas fossem feitas e informações fossem dadas. Após a entrevista, saí com um convite para uma feira corporativa da ABTA – Associação Brasileira de TV por Assinatura.

Como resultado, recebi proposta de emprego das duas! Tudo isso levou um pouco mais de um mês. A decisão da escolha foi bem difícil. Cargo, salário e benefícios eram semelhantes, e acabei optando pela Multicanal porque era uma marca mais forte em São Paulo - eu pelo menos achava - e a localização era mais próxima da minha casa - um diferencial importante, pois eu precisava economizar com o orçamento de recém-casada.

Para a minha surpresa, ao estar com o RH no ato da assinatura do contrato e da carteira profissional, notei que alguns documentos estavam com o nome da Multicanal e outros da NET São Paulo. *"Como assim?" Eu estava no prédio da Multicanal, na Rua Verbo Divino, 1.356. Por que eu precisaria assinar documentos de admissão da NET*? A explicação veio na sequência: a NET São Paulo tinha comprado a Multicanal. Ninguém me falara nada a respeito até aquele instante. Um pouco confuso, mas eu achei incrível! Acabei entrando nas duas empresas que desejei e parecia ser um sinal dos céus confirmando a minha decisão.

O fato é que eu estava entrando no "olho do furacão", em um momento de aquisição, integração de marcas, equipes, de muitas mudanças e pessoas competindo por suas posições. Tudo exigiria resiliência, habilidade interativa, inteligência emocional, adaptabilidade, senso de urgência, gestão de conflito, versatilidade, automotivação, pensamento criativo e capacidade de entrega.

Eu era jovem, mas a indústria também. Então nos demos bem! Me permiti aprender boa parte desses comportamentos, conhecidos hoje como *soft skills*, e imprescindíveis na cultura de Telecom. Em menos de um ano, tive três gestores diferentes, participei da mudança de troca de marca para o mercado, de campanhas para o engajamento interno, conheci mais do planejamento de vendas para o mercado de coletivos e de ações de fidelização e, além de responder para equipes da NET SP, tendo sido contratada pela Multicanal, também precisei aprender a me relacionar com a Globo Cabo (*holding*).

Aprendizados

Na vida, e também no ambiente corporativo, a gente é desafiado o tempo todo a aprender, a ter garra, flexibilidade, disposição, a pensar diferente, a fazer acontecer, a mudar e a servir. Sim, servir! E, quem não gosta de servir, não serve para Telecom.

Em 2024 completo 26 anos, tendo passado pela Multicanal, NET São Paulo, Globocabo, NET Serviços, Claro Brasil. Diferentes cargos, diferentes momentos na mesma empresa, experiência em muitas áreas, como Planejamento, Desenvolvimento Organizacional, Recursos Humanos, Qualidade, Processos, Experiência do Cliente e incontáveis oportunidades de aprender e exercitar novas mudanças. Foram consideráveis projetos nos quais tive a alegria de participar. Trabalhei e trabalho com dedicação e com brilho nos olhos. Amo o que eu faço e faço porque amo, o que não significa que seja fácil, que não tenha problemas, que estou motivada 100% das vezes e estou em uma espécie de zona de conforto. Eu sinto a responsabilidade ser cada vez maior.

Tenho orgulho de pertencer e fazer parte da história da Claro, uma empresa séria, inovadora, competitiva, que se reinventa constantemente, com valores nobres, liderança forte, pessoas potentes, colaborativas e que adoram desafiar o impossível para conectar todos para uma vida mais produtiva e divertida. Uma verdadeira escola de varejo, de tecnologia, de prestação de serviços, de inovação, além de telecomunicações. Fácil? Claro que não! Mas este é o DNA.

Desafios como mulher em Telecom

E como mulher também faço um adendo: a nossa sociedade tem muitos desafios a serem discutidos e superados quando o assunto é equidade de gênero. Até mesmo pelas adversidades e expectativas interligadas e inerentes às responsabilidades profissionais, de mãe, de esposa e de mulher a nossa vida tende a ser mais complexa por natureza. E não tem um processo padronizado, uma receita de bolo que nos ensine a equilibrar todos os papéis. Ainda assim, me considero privilegiada por ter testemunhado e vivenciado diferentes práticas na NET e na Claro, e que ainda são restritas no mundo corporativo de forma geral, infelizmente. Nunca senti preconceito no meu ambiente profissional por ser mulher e mãe. Pelo contrário, eu cheguei a ser promovida, por mérito, estando grávida. Eu tive minhas licenças-maternidade devidamente respeitadas. A política por meritocracia, independentemente do gênero, tem prevalecido. E seguimos aprendendo a exercitar e a praticar ambientes cada vez mais justos e equitativos para todos.

Neste exercício de imergir nas memórias, acabamos avaliando o legado que estamos construindo e refletindo se ele está impregnado de um impacto positivo e em causas legítimas. Cada escolha, cada experiência, cada conexão, cada entrega, os relacionamentos e, sim, as renúncias... tudo contribui para a tessitura da nossa vida com repercussão no mundo ao redor, principalmente junto à nossa família. Nossos erros, nossos medos e nossa fragilidade também tecem parte de quem somos, reforça que somos humanos, suscetíveis, e que é crucial reconhecermos e respeitarmos essa sutileza em nossa jornada.

Eu comecei a jornada em Telecom recém-casada, continuo casada com o Carlos e, juntos, temos três filhos: a Anna, o João e a Giuliana. Os quatro são o meu coração fora do peito. Amo a minha família de todo o coração e alma. Ela é meu suporte, minha prioridade, meu propósito e faz parte de tudo isso. Durante todos esses anos, me esforcei para chegar em casa e passar para eles uma imagem positiva do meu trabalho, da marca, dos produtos, serviços, líderes e equipes. Na sutileza das nossas rotinas, meu anseio era que eles valorizassem, fossem gratos e também tivessem orgulho do trabalho da mamãe.

É fato que a gente não vive, não sobrevive e muito menos vence sozinho. Somos um ecossistema e que bom que tenho também em minha vida pessoas como a minha irmã, Valéria, uma referência de ser humano, de generosidade e de competência em tudo o que faz. Uma mulher linda e incrível, por dentro e por fora.

Claro que não faltariam meus pais nesta jornada e eles merecem o lugar de mais alta honra. Minha mãe, Graça, e meu pai,

Onofre (*in memoriam*), batalharam muito para que eu pudesse estudar e me ensinaram o valor do trabalho, da honestidade e da responsabilidade. Eu só sei ter sucesso com esforço e trabalho e aprendi com eles. Minha mãe chegou a ter dois empregos e, entre as frases que ecoam em minha mente, que ela falava desde a minha infância, destaco esta: "*Vai, que você consegue*". Meu pai, enquanto enfrentava uma doença terminal, não poupou esforços para, do jeito dele, com as palavras simples, me aconselhar a não desistir de fazer o certo, de trabalhar duro e de não guardar no coração o que não é importante.

Reconheço e sou agradecida também pelas inúmeras pessoas geniais, brilhantes, determinadas, fortes, que "empurram a gente pra frente" e que fazem parte da minha trajetória: líderes, equipes, colegas, amigos da NET, da Claro, da Embratel. Irrefutavelmente, muitos são os melhores do Brasil naquilo que fazem.

Telecom faz parte da minha vida. Me ajudou a me aceitar como uma *lifelong learning,* pois sigo apaixonada por aprender e por conhecer o novo. Pude fazer inúmeros cursos, inclusive na FGV, PUC, em Harvard (Harvard Faculty Club) e me aventurar em algumas aulas presenciais no MIT – Massachusetts Institute of Technology.

A minha prosperidade também vem da prosperidade do setor Telecom e, como meu coração acolheu algumas causas humanitárias e sociais no Brasil, na Índia e na África, posso atestar que a reverberação do nosso trabalho toma proporções inestimáveis, influenciando a economia, o comportamento, algumas tendências e transformando comunidades, famílias e pessoas. Vai muito além do bônus, do salário no final do mês e do *total cash*. É claro que tudo isso é meritório, mas, quando associado a um propósito, a dimensão fica imponderável. É sempre bom lembrar que quem é generoso será abençoado (Prov. 22:9).

Se eu pudesse voltar no tempo, deixaria uma cartinha feita a punho para aquela Andréa de 1998 aconselhando-a a entrar na NET e na Multicanal, a se aventurar no mundo de Telecom, a ser aguerrida, curiosa, a não desistir facilmente, a olhar nos olhos, a respeitar as pluralidades, a aprender sempre, ter bom humor, ser resiliente, se divertir, fugir da mediocridade, ouvir mais, procurar a leveza e a simplicidade e, o mais importante, não se esquecer da base: DEUS. Em meio às atribulações, aos triunfos e às rotinas do cotidiano, precisamos cultivar uma relação pessoal com Ele. A espiritualidade está presente em nossa jornada, quer acreditemos ou não, inclusive nos momentos de decisão, quando mais precisamos de sabedoria e direção. A fé é um "músculo" que precisa ser exercitado o tempo todo e deve estar adjacente também ao nosso trabalho.

A autobiografia nos exercita a relembrar o passado, valorizar o presente e pensar no futuro. E este ano de 2024 também é especial para mim, pois completo 50 anos bem vividos e felizes. Nesta trajetória, muitas foram as turbulências, mas, em todas as vezes que estive perto de cair, olhei o chão e voltei correndo por saber que aquele não era o meu lugar. Coragem e fé nunca me faltaram, tampouco uma sede de vida que sempre superou qualquer dor. Nunca tive medo de desafios, ao contrário, tenho uma adrenalina pulsante sempre em busca da evolução. Quem me acompanha e conhece sabe bem disso.

DEUS é muito generoso, paciente e cuidadoso comigo. Tem colocado pessoas ao meu redor que não cortam as minhas asas. Um trabalho que me dignifica. Amigos que são uma fortaleza e uma família que me estende a mão.

Agora com a visão do presente, quero compartilhar aqui alguns aprendizados que me fazem evoluir:

1. Tenha a convicção de quais são os seus propósitos, sonhos e saiba que dependem muito de você para serem alcançados. Não caia na armadilha de depender do governo, da empresa, do "papai";

2. Aconteça o que acontecer, siga em frente! Cair, desanimar, errar, se decepcionar, tudo faz parte do processo;

3. Cada dia com a sua agonia. É uma regra: não sofra por antecipação. A ansiedade está aprisionando pessoas;

4. Olhar nos olhos e um sorriso sincero e persistente quebram muitas barreiras e abrem portas para conexões genuínas;

5. Todas as pessoas bem resolvidas que conheço honram e se orgulham dos seus pais;

6. Cuide do seu corpo todos os dias. Ele é um templo!

7. Tenha fé. Uma parte depende de nós, mas, sem a direção espiritual, nada valerá a pena. Ore. Reze. Pesquise João 3:16;

8. O impossível é só uma questão de tempo e percepção;

9. Honre as suas raízes, reconhecendo que nenhuma família é perfeita. Todos nós temos dilemas e lutas;

10. O medo e o rancor são gaiolas que nos aprisionam e nos impedem de voar;

11. Celebre suas conquistas, as pequenas inclusive. Seja grato e vibre com cada momento!;

12. O dinheiro dignifica quem o valoriza e sabe compartilhá-lo. Seja generoso com seus recursos materiais, intelectuais, emocionais e com o seu tempo. Cogite ser um voluntário e um agente do bem.

Perspectivas Futuras

Quanto ao futuro, sigo otimista, entusiasta, ávida por aprender, por realizar e ciente de que os cenários serão desafiadores em praticamente todos os quesitos. O mundo nos exigirá muito mais e em meio a ambientes acelerados, com mudanças disruptivas e sem muito tempo para nos preparar. As relações estão mudando, mas o fator humano seguirá sendo a essência que nos unirá. A tecnologia ganhará força e impulsionará uma transformação que, segundo os especialistas, será incomparável a todas as ondas já vivenciadas. Os desafios serão grandes, mas as oportunidades também. Para mim, o futuro de Telecom passará pela jornada de tecnologia, de inovação, de processos automatizados e de prestação de serviço com o cliente no centro das decisões. O modelo tradicional das teles passará por transformações digitais contínuas, conectando diferentes ecossistemas, demandando abordagens mais flexíveis e com uma infinidade de possibilidades de novos negócios. E eu acho tudo isso incrível! Espero me preparar e fazer parte da construção desse admirável mundo novo.

Olho para trás com gratidão, para o presente com humildade e para frente com os olhos brilhando. Cada passo, cada desafio moldou a mulher feliz que sou hoje. Me orgulho de todas as Andréas que já fui e sigo ávida por continuar aprendendo, por ser melhor a cada dia, por realizar mais e deixar um legado alicerçado em ética, em desempenho e que inspire pessoas. Quero muito que meus filhos se orgulhem de mim e se esforcem para irem muito mais além. Sigo muitas vezes inquieta, mas animada para escrever os próximos capítulos desta história que precisa ressoar com um propósito maior, integrando a parte intrínseca da experiência humana à inexorável evolução digital que vivenciaremos, trazendo inúmeras oportunidades para contribuir para uma sociedade mais próspera, mais desenvolvida, mais digna e solidária. Por que não?

Recomendo uma pesquisa ao Google de todas as palavras às quais acrescentei um asterisco (*), pois fazem parte de um mundo antigo e normalmente desconhecido a partir da Geração Y ou dos Millennials e concluo partilhando o texto da Miriam Morata.

"A vida é ciranda, às vezes estamos tão distraídos que nem percebemos quem segura nossa mão. Outras vezes estamos apressados demais para ouvir o 'verso bem bonito' de alguém que acabou de entrar na roda. E assim dançamos

a dança da Vida às vezes contrariados porque não é a música que esperávamos; às vezes seguramos a mão de quem está do nosso lado tão displicentemente, que nem percebemos quando ele solta a mão. A Vida é ciranda e cada um de nós tem um verso bem bonito para dizer e depois é só Adeus e vai embora. Vai embora, mas fica o verso bem bonito e a suspeita de que essa ciranda só existe para nos ensinar a segurar a mão do outro com força, cantar alto e dançar junto... no meio de tudo isso, ficar atento para nunca oferecer pouco, aquém do que poderíamos oferecer."

Com carinho,

Andréa Campos

Colossenses 3:23

Vence aquele que acredita e faz

Andreza R. Bottaro Duarte

Mãe da Bárbara, executiva de negócios com mais de 20 anos de experiência consolidados nos setores de Telecom e TI e dona de um perfil "hands on".

Pós-graduada em Marketing e Comunicação pela FIA-USP e bacharel em Administração de Empresas. Cursou Comunicação Oral e Escrita no IBTA/IBMEC, Responsabilidade Social, Governança e Ética Empresarial pela USP e Capacitação no programa de Customer Experience através do Instituto América Móvel.

Experiência em organizações como: UOL Diveo, Equinix, Vivo e atualmente na CLARO Brasil – onde há dez anos atua à frente de negócios e parcerias multiculturais com operadoras, apoiando empresas no processo da transformação e inclusão digital.

Habilidades para liderar pessoas e implementação de estratégias comerciais e planos de negócios sustentados em políticas de vendas, análises de dados e tendências de mercado. Facilitadora de grupos de trabalho e processos para garantir a primordial experiência do cliente, entendendo seu propósito e valores, identificando novos negócios, concretizando vendas, desenvolvendo parcerias e construindo relacionamentos duradouros.

LINKEDIN

Há 20 anos, perseverantemente, em busca de resultados qualitativos e atingimento constante de metas e *KPIs*. Costumo ser objetiva e direta em todos os contextos da minha vida, principalmente no corporativo. E essa ótica singela e prática de visão de mundo me ajuda significativamente na edificação de meus pilares e na construção cotidiana de minha carreira dentro de corporações nacionais e internacionais.

Ao aceitar o convite para escrever este capítulo para um projeto tão grandioso e respeitado como o deste livro, confesso que rolou aquele frio na barriga, o anseio de errar foi imenso, todavia, não fora maior do que minha vontade em compartilhar e inspirar outras pessoas que, assim como eu, possuem vasta experiência de vida. Sobretudo, a responsabilidade é grande, mas, como o medo sempre me impulsionou para os melhores lugares e oportunidades, eis aqui meu breve relato.

Eu sou apaixonada pela tecnologia, pelas telecomunicações e pelo poder que elas têm de transformar vidas, a economia, o Brasil e o mundo. Ajudar a construir novas formas de inovação na convergência tecnológica e transformação digital é altamente satisfatório. E deixar um legado de um mundo melhor, exercendo um trabalho que impacte positivamente milhões de pessoas é um ensejo e tanto.

Costumo fazer uma análise de todos os projetos, inclusive pessoais. Sou muito visual, preciso de rascunhos, ou até mesmo *post-its* para me auxiliar na leitura e interpretação de etapas; em suma, essa técnica consiste em um breve planejamento estratégico que visa identificar forças, fraquezas, oportunidades, e ameaças relacionadas à competição em negócios ou planejamento de projetos.

Tenho comigo que talento não é nada sem dedicação, resiliência e capacitação constante. Quem diz fazer muitas coisas, sob o meu ponto de vista, não faz nenhuma delas com excelência. Por isso, foquei sempre ser quem eu poderia ser, aceitar minhas limitações, **minhas fraquezas** e, principalmente, respeitar a minha natureza e princípios legados, agindo com honestidade, transparência, ética e trabalho, muito trabalho.

Por outro lado, sempre foquei também meus **pontos fortes**, modestamente falando tenho um bom senso crítico e uma intuição aguçadíssima, facilidade em fomentar relações, flexibilizar negócios e oportunidades. Atuar com dinamismo e não ter medo de errar, conhecer o desconhecido, experimentar e vivenciar genuinamente o momento presente e enaltecer minha peculiar característica sobre o inconformismo da mediocridade – sempre foram essas as minhas escolhas –, não aceitar o básico, eu sei que posso entregar mais.

@muito prazer!

Quando criança era tranquila, risonha e pouco falastrona, na adolescência um salto para a popularidade, vulgo "a gente boa", ora através de prêmios em festivais de músicas na escola, ora por comportamentos eloquentes, efusivos, divertidos e ambiciosos que apesar de ousados nunca desrespeitaram os limites de convivência em sociedade.

Nasci em São Paulo, na antiga maternidade do Hospital Panamericano, dia 7 de novembro de 1983. Sempre acreditei que poderia fazer a diferença no ambiente em que eu estivesse, afinal Pequeno Príncipe ensinou-me que: "Tu te tornas eternamente responsável por aquilo que cativas" e desde então percorro meu caminho executando seriamente o ensinamento de que toda ação possui uma reação.

Filha de Regina, professora de Português, e Dircio (*in memoriam*); irmã mais nova de Marcus Vinicius. Meus avós maternos (Seu Angelo e Dona Helena) foram essenciais e sempre muito presentes em minha vida, assim como minha tia "fada–madrinha", Rose.

Aos sábados almoçava com meu avô e "*naquela mesa ele contava histórias, que hoje na memória eu guardo e sei de cor*" (*citação de canção de Nelson Gonçalves*). Os almoços de domingo, Páscoas, Natais eram em família sempre, éramos poucos, porém um time de muita persuasão, personalidades fortes, opiniões divergentes que, todavia, vinham recheadas de muito afeto, carinho e respeito. E fazendo uma rasa comparação entre os encontros em família e uma reunião executiva consigo nitidamente visualizar a semelhança entre eles. Explanarei:

Há um líder "na ponta da mesa", engajando o time, expondo estratégias e questionando decisões, orientando os caminhos a percorrer, apoiando junto as outras áreas enquanto cada um da equipe possui seu papel e desempenha suas tarefas e o que está apto a realizar dentre sua(s) especialidade(s). Todos exercendo disciplina, empatia, paciência, compromisso, respeito e humildade.

Meu pai faleceu abruptamente em um assalto a mão armada voltando do trabalho em junho de 1990, ele me deixou na escola pela manhã, se despediu me dando um abraço, um beijo molhado e não voltou mais.

Talvez esse seja meu gatilho em querer fazer as coisas acontecerem. Talvez minha intensidade em tomar decisões rápidas, objetivas e práticas venha desta minha sede de "não deixe para amanhã o que você pode fazer e viver hoje, pois não sabemos até quando estaremos aqui". Minha infância foi fortemente carimbada por esse fato e, claro, carregamos na bagagem certas vivências e emoções.

"Quando as raízes são profundas, não há porque temer o vento."

@não nasci herdeira

Dos 14 aos 18 anos tive inúmeras experiências profissionais, atuei nos mais diversos segmentos e funções: desde recepcionista em agência de Publicidade, auxiliar de compras em construtora, bedel de salas de MBA, auxiliar administrativa em empresa de serviços, secretária de diretoria em banco de investimento, vendedora de roupa de grife em shopping, até que, aos 16 anos, finalmente me identifiquei como pós-vendas.

Em uma empresa de Segurança Eletrônica, apoiava a gerência de entrega a qual acompanhava de perto a implantação de portas eclusas em bancos, controles de acesso e CFTV em grandes edifícios. Minha principal função era gerenciar a equipe de implantação, realizar o acompanhamento da entrada de pedidos, controle de custos e primeiro faturamento.

A equipe em campo eu coordenava através de um rádio e muita empatia, a linguagem utilizada era "QAP-QRV, qual QTU"; aos 18 anos eu apoiava de forma criativa um time inteiramente masculino, com remuneração abaixo da média, entretanto, graças à firmeza na voz, postura rígida, limites estabelecidos e sem nenhuma técnica de Harvard em gestão, permaneci neste cargo por dois anos e a experiência foi uma quebra de paradigmas na corporação.

Em 2002, após iniciada a faculdade de Administração de Empresas e mediante o alto grau de facilidade de comunicação que tinha interna e externamente a direção da empresa me fez um novo convite: "Temos uma vaga para você no Comercial". Eu prontamente aceitei e iniciei uma incrível jornada conjugando a capacidade de aproveitar as oportunidades junto ao interesse profundo em prosperar e realizar novas atividades.

@descobrindo as Telecomunicações

Um ano e meio depois, com 19 anos fui convidada para estagiar também na área comercial de uma multinacional americana de Telecomunicações e Datacenter, contudo, naquele momento aceitar o convite era dar um passo para trás, afinal, eu já trabalhava com "carteira assinada", tinha um portfólio de clientes e minha confiabilidade estabelecida, ou seja, tomar uma decisão fora de minha zona de conforto poderia ser uma **ameaça** à minha carreira? Acho que não! Ameaça mesmo seria eu permanecer dentro dela!

As telecomunicações eram para mim algo intrigante: sempre fora interesse da humanidade entender o conceito central das telecomunicações que até então era a comunicação a longa distância, pois o conhecimento existente no país perante a usabilidade do usuário era escasso e de baixa qualidade, os investimentos bem significativos para as empresas e não tínhamos ainda muita noção do que se poderia consumir digitalmente. A internet nasceu em 1960 e no Brasil apenas em 1995 foi permitida sua exploração e uso para fins privados e comerciais. Sob meu ponto de vista universitário da época, era evidente que uma **oportunidade** latente de desenvolvimento na área nacional e internacionalmente surgia naquele momento.

A telecomunicação é um dos setores que mais impulsiona o país e o mundo! Está constantemente trazendo inovações e facilitando o acesso da população, além de estar diretamente ligada ao cotidiano das pessoas.

Administrar a carreira neste mercado é construir pontes e ferramentas que ajudam marcas a corresponderem às expectativas dos clientes diretos e indiretos não só em relação à velocidade e facilidade, mas também ao custo e acesso.

Aos 21 anos, atuava como gerente de Contas Nacional e desenvolver, elaborar e discutir tecnicamente topologias, propostas comerciais e técnicas, contratos e cronogramas na qualidade de NÃO engenheira custou-me dias de luta, desgastes emocionais, insucessos e prova constante de capacidade muito mais no que tange a questões de caráter social do que basicamente competência e inteligência.

Minha busca por aceitação era diária, eu sabia que somente com simpatia e destreza eu não sairia do outro lado, eu precisava não só entender do negócio do cliente, como também era necessário saber argumentar tecnicamente, explanar conceitos, gerar ideias, discutir protocolos, então participava de todos os treinamentos que as empresas proporcionavam, em todo tema disponibilizado lá estava eu na primeira fileira: redes Lan, Man, Wan, Wlan, SAN, VPN MPLS, o que é *frame relay*, como funcionam os satélites, as transmissões de rádio, roteadores, *switches*, *firewalls*, *outsourcing*, sistemas de armazenamento, monitoramento, etc.

Estudei Inglês aqui e nos Estados Unidos. Fiz aulas de Espanhol, participava de palestras de técnicas em vendas e negociação, fazia reuniões em clientes com meus pares para desenvolver novos *speechs*, fiz pós-graduação em Comunicação, Mercado e TI, enfim, eu busquei minha capacitação, mas principalmente busquei experiência em acompanhar o crescimento de um mercado promissor e como ele impulsionaria o desenvolvimento social, educacional e cultural do mundo.

@estratégia de Vendas

É preciso uma boa dose de dinamismo para vender e permanecer neste mercado, sendo homem ou mulher. Repleto de novidades e constante evolução, se atualizar sobre as soluções de parceiros, integradores e concorrentes é fundamental para se destacar. A competição entre as empresas é acirrada, disputamos os mesmos clientes, muitas vezes possuímos o mesmo produto, nível de serviço e preços, logo, é preciso uma abordagem empática, próxima e compreensível para entender aonde podemos agregar mais valor no dia a dia.

Durante anos realizei a tarefa de conquistar clientes, ou seja, prospectava e fomentava novos negócios. No começo de carreira, lembro-me de subir de elevador ao topo do prédio abordado pela rede da empresa na qual eu trabalhava e descer a pé, de salto alto, através da escada de incêndio - parava em todos os andares e entregava na recepção das empresas um folder institucional com meus contatos. Quando eu não era vista pelas câmeras ou barrada pela segurança, o aumento de meu *pipeline* era certeiro!

A vida de *hunter* realmente não era fácil, ter meta mensal e cada começo de mês esquecer-se do último e começar do zero requer muita força de vontade, perseverança, resiliência e desapego. Os profissionais com esse tipo de atribuição devem possuir uma iniciativa mais arrojada em sua forma de atuação, uma personalidade mais dominadora e uma natureza que se motive por si só. E esses profissionais, mais agressivos, impacientes e motivados por números são a peça que faltava para que seu time comercial e os resultados em vendas decolem!

Já as conexões reais e bem cultivadas, habilidade em estabelecer vínculos e parcerias duradouras eu entrego como *farmer*. Através de estratégia mais focada em relacionamento e abordagem consultiva que exige uma melhor e mais mitigada qualificação do negócio é possível agregar mais valor em seus projetos comerciais e administrar o ciclo de vendas com mais propriedade. Pode-se atuar inclusive como *customer success* e resolver problemas no pós-vendas. Este profissional realiza seus resultados de forma mais cadenciada e com alto valor monetário, o que equilibra e equaliza positivamente o resultado do time como um todo.

No final do dia, do mês, do ano e do século, vender é e sempre será uma arte.

Eu acredito fortemente que um bom formador e influenciador de ideias e imagem jamais será convertido em Big-Data ou Inteligência Artificial. O mundo indiscutivelmente precisa de pessoas e os bons e maiores negócios são feitos e compostos por elas.

Não obstante, nenhuma estratégia será assertiva caso o líder do time de vendas ocupe um posicionamento inflexível e intolerante. Em minha jornada, uma das principais fontes de sucesso foi a oportunidade de convivência e aprendizado com exímios gestores. Em outras palavras, é altamente inspirador e motivador ser gerido por profissionais com tato, posicionamento justo, conduta ética e macrovisão de negócios. Analisar, planejar e definir objetivos quantificando metas torna claras as diretrizes para toda a equipe, porém, sem a habilidade de extrair o que cada um tem de melhor e estabelecer padrões de confiança mútua os resultados do seu time não serão satisfatórios e a rotatividade será fator preponderante.

@mulheres em telecom

A presença feminina em posições de liderança é um catalisador de mudanças profundas e enriquecedoras no ambiente corporativo e principalmente no mercado de telecom.

Talvez sejamos a segunda ou terceira geração de mulheres nesta área e o que posso afirmar é que aumentamos sim nossa representatividade com muita sensibilidade, aprimoramento nas tomadas de decisões, novas perspectivas, capacitação e pluralidade. Conseguimos impactar positivamente o mercado, percorremos uma estrada esburacada, cheia de curvas e deixamos o asfalto um pouco mais liso para quem passar por ela agora. Quebramos paradigmas, rompemos barreiras, criamos ambientes agradáveis e entusiasmados, fizemos a diferença na vida dos nossos clientes, gestores, funcionários e principalmente da nossa família, a qual respeita nossos mais diversos papéis e jornadas de trabalho extensas e coopera com eles.

Por fim, agradeço imensamente minha filha Bárbara, a qual me incentivou a escrever para este projeto, que respeita minha rotina de trabalho e me motiva diariamente a ser uma pessoa melhor. Agradeço também à minha família, que sempre me proporcionou uma boa estrutura e educação para que eu percorresse o caminho do bem e da honestidade, aos meus colegas e amigos que fiz durante esse percurso, são tantos que prefiro não mencionar, com medo de esquecer alguém, mas que me ensinaram muito, me apoiaram e apoiam em tarefas difíceis e dias nublados, aos meus gestores e mentores Luis Gabriel e Roberto Portugal pelas orientações e conversas me fazendo enxergar o que eu não via, permitindo e confiando em minha desobediente autonomia, inspirando e elevando significativamente meu nível de conhecimento nos negócios e dia a dia em vendas, e principalmente agradeço a Deus por abençoar meus dias com saúde, vivacidade e alegria, afinal, não seriamos nada sem uma força maior movimentando nosso universo.

Andreza R. Bottaro Duarte

Gratidão e Oportunidades: um Caminho de Crescimento

Bruna Galo

Formada em Relações Internacionais pela Universidade Estácio de Sá – Campus Centro, com MBO em Gestão de Negócios no IBMEC.

Gerente de Tesouraria de uma multinacional do ramo de telecomunicações e conselheira consultiva da Nucleário. Mais de 20 anos de experiência profissional, grande parte dela em funções executivas e de liderança.

LINKEDIN

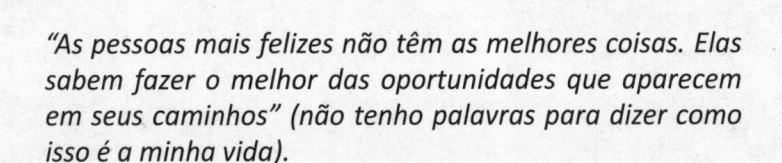

"As pessoas mais felizes não têm as melhores coisas. Elas sabem fazer o melhor das oportunidades que aparecem em seus caminhos" (não tenho palavras para dizer como isso é a minha vida).

Nasci na cidade maravilhosa, em 24 de maio de 1978. Era uma época em que as crianças brincavam na rua sem a menor preocupação; meu bairro parecia uma cidade do interior.

Filha de pais separados, sempre tive bons exemplos: minha mãe, uma trabalhadora exemplar que tinha dois empregos para proporcionar uma educação de qualidade para os filhos, e meu pai, um homem intelectual e muito estudioso. Pessoas "do bem" incapazes de fazer mal a alguém. E tive o prazer de contar com a participação ativa da minha avó materna no meu processo de formação, trazendo muitos ensinamentos, uma vez que ela era uma mulher alemã com muitas histórias sofridas no Brasil.

Somando esses três pilares, fui tomada por uma imensa vontade de ser independente e batalhei muito para que isso se tornasse realidade, no anseio de construir minha própria história.

Aos 14 anos comecei a vender roupas e produtos de beleza;

aos 16, tirei minha carteira de trabalho e fui logo ajudar meu avô, Dr. Luiz Henrique Azevedo Alves, otorrinolaringologista, em seu consultório médico, auxiliando-o nas consultas. Lá fiquei até sua morte, em 1996.

Aos 17 anos descobri que seria mãe de uma menina maravilhosa, à qual dei o nome de Carolina Marie. Mesmo vivendo a maternidade muito jovem, não desisti dos meus estudos e minha carreira profissional. É claro que precisei reprogramar a rota, pois nada foi fácil. Sonhos profissionais foram colocados de lado e novos rumos foram traçados.

No momento em que descobri que estava grávida, cursava o último mês do curso Eapac – Escola de Aperfeiçoamento e Preparação da Aeronáutica Civil, e já havia sido aprovada em todos os exames do Cemal – Centro de Medicina Aeroespacial. O sonho de ser comissária de bordo internacional, de conquistar o mundo, explorar culturas diferentes foi deixado de lado, por um motivo que estava acima de tudo isso: ser MÃE.

Então, aos 20 anos, resolvi estudar Turismo e Hotelaria na Universidade Estácio de Sá, onde os propósitos não seriam muito diferentes.

Logo surgiu uma oportunidade de trabalho na área, fui contratada para exercer atividades administrativas e comerciais em uma empresa que vendia cursos no exterior, a IES – International Exchange Services, para jovens estudantes.

Como sempre fui comunicativa e esforçada, me indicaram para participar de um processo seletivo para assistente do editor chefe de duas revistas médicas. Fora da área para a qual eu estudava, porém as condições financeiras eram bem melhores. E dois meses depois lá estava eu contratada e responsável pela edição das principais notícias das revistas *Jama Brasil* e *Ars Curandi*.

Em 1999, fui chamada para participar de um processo seletivo em uma multinacional italiana no ramo de telecomunicações, chamada Damos SudAmerica, para exercer atividades como assistente do Departamento de Engenharia, onde permaneci por dois anos.

Em 2001 fui convidada para auxiliar na administração de uma loja chamada Isa Motos, localizada no Rio de Janeiro, em Vila Isabel, e posso garantir que foi de fato o meu primeiro desafio, apesar de pouco tempo nessa empresa. Ela possuía o seu próprio escritório de contabilidade e mais de 50 funcionários. De todas as oportunidades de emprego até o momento, essa foi a mais desafiadora, pois era uma empresa de grande porte onde o meu conhecimento nas áreas de vendas e contábeis foram além das minhas expectativas. Em 2003, fui convidada para retornar à Damos SudAmerica, que nessa época se chamava Telespazio Brasil S/A, parte do Grupo Finmeccanica. A contratação foi para o cargo de assistente do CEO. Por incrível que pareça, foi nesse cargo que ocorreu o despertar para a área financeira: com muita disposição e vontade, dentre atender as demandas de um CEO, que não eram fáceis, e sempre estar disponível para aprender e entender como funcionavam outras áreas, principalmente a administrativa e a financeira. Sou muito grata ao superintendente da época, Mario Saladini, que sempre confiou no meu potencial e me deu muitos conselhos.

Nesse momento, eu já havia trancado a faculdade de Turismo e Hotelaria, apesar de só faltar um ano para a formatura. Estava muito cansada e um pouco desmotivada com os estudos.

Para auxiliar nas atividades profissionais que eu estava desempenhando, pedi transferência de graduação para o curso de Secretariado. Meu Deus!! Não consegui ficar nem um semestre, eu já desempenhava muito bem as atividades para o cargo contratado e não acreditava que essa graduação pudesse fazer diferença na minha carreira.

Em 2005, realmente precisei fazer uma introspecção para entender o que eu poderia estudar que me deixaria satisfeita e logo conquistar o meu primeiro diploma.

Com uma inteligência emocional muito grande, facilidade em resolução de conflitos, capacidade de liderança de forma eficaz e harmônica tanto com pares como com subordinados, além de dois idiomas fluentes, resolvi estudar Relações Internacionais na Universidade Estácio de Sá.

Posso garantir que valeu a pena cada minuto exaustivo, pois trabalhava o dia todo, à noite fazia faculdade e, se não bastasse tudo isso, ainda fazia cursos de extensão aos sábados dentro do próprio *campus*. Infelizmente, sobravam poucas horas para desfrutar da minha família.

> *"As conquistas dependem 50% de inspiração, criatividade e sonhos, e 50% de disciplina, trabalho árduo e determinação. São duas pernas que devem caminhar juntas."*
>
> Augusto Cury

Mudança de chave

2010 foi um ano extremamente gratificante, pois realizei duas grandes conquistas: uma foi a minha formatura em Relações Internacionais pela Estácio de Sá, e tenho muito a agradecer ao meu marido, Fabrini Galo, que sempre me apoiou e me incentivou.

A segunda foi um convite recebido por um ex-CEO da Telespazio Brasil para administrar uma empresa do grupo fundada em abril 2010. Fui a primeira funcionária da empresa multinacional italiana chamada Selex Sistemi Integrati Ltda. – Selex SI do grupo Finmeccanica, voltada para a área de Segurança e Defesa. Poxa, logo pensei, que desafio! Bom, tratando-se de uma empresa do mesmo grupo as formalidades tinham que ser respeitadas e fui conversar com o CEO atual da Telespazio Brasil para requisitar a autorização de desligamento e iniciar essa nova jornada. Só tenho a agradecer ao CEO, Marzio Laurenti, que me deu essa oportunidade única de crescimento inimaginável.

Nesse novo desafio profissional, expandi muito meu conhecimento e fui além das minhas expectativas, na realidade eu digo que fui jogada do penhasco. Eu tinha somente uma opção para garantir que essa oportunidade valesse a pena para mim e para quem acreditou em mim. Foi necessário envolver 80% do meu tempo laboral no mundo das exatas. Aprendi na marra e com a mão na massa, contabilidade empresarial, finanças empresariais, matemática financeira, planejamento tributário e diversas outras cadeiras dentro do mundo das exatas. Com o histórico profissional e formação acadêmica acima, imaginem o que eu não passei.

Como primeira funcionária, iniciei todos os trâmites para abertura de uma empresa, locação de espaço, escritório de contabilidade, empresa de Medicina do trabalho, contratação de funcionários, etc. Isso não foi nada difícil tratando-se de uma pessoa prática e objetiva.

Posso dizer que tive um excelente professor, que se tornou um grande e admirado amigo, Antonio Carbone, que na época era o representante legal da Selex SI e meu chefe direto. Eu tinha pouca base financeira, desse modo, ele sempre me incentivou a estudar. Assim, concluí vários cursos rápidos de controle e análise de fluxo de caixa (Senai), matemática financeira (IBMEC), análise de balanço (FVG), para assim ampliar o meu entendimento, onde eu pudesse melhor aplicá-lo no meu dia a dia.

Em poucos meses nós éramos 15 funcionários e seis terceirizados, com um contrato grande de fornecimento de serviço, e assumi como gerente Administrativo e Financeiro, com todas as responsabilidades que tal cargo exige.

Após dois anos e com a empresa totalmente estruturada, fui convidada para fazer um curso na área financeira da matriz em Roma (Financeiro) e Florença (Contábil). Tenho muito a agradecer pela hospitalidade e confiança do meu grande amigo matemático Prof. Giuseppe Veredice – na época CEO da Finmeccanica.

Infelizmente, a Selex SI, uma empresa de segurança e defesa, não conseguiu, comercialmente, manter e realizar novos contratos necessários para sua continuidade. Contratos esses que ocorreriam no período das Olimpíadas de 2012 em Londres e Copa do Mundo no Brasil em 2014. Sem contratos comerciais em 2016, praticamente todos os funcionários foram demitidos, inclusive eu.

Logo pensei: tantos anos trabalhando vou descansar um pouco, me dedicar mais aos meus *hobbies*, dançar (*ballet, jazz*, dança a dois e dança do ventre), jogar vôlei e praticar yoga, atividades que me acompanharam a vida toda e que sempre me fizeram muito bem. Desfrutar das boas amizades, curtir a família, enfim, viver um pouco afastada da correria da vida profissional e tornar a minha vida mais acadêmica. Ganhei de presente do meu marido um MBO em Gestão de Negócios na instituição IBMEC que me abriu novos horizontes.

Para não ficar somente na vida acadêmica e ter uma ocupação em que pudesse ainda ganhar um trocado, comecei a vender semijoias. Posso afirmar que no início era mais um *hobby* do que qualquer outra coisa. Criei uma marca chamada Marie Biju, montei uma página no Facebook, desenvolvi as embalagens e etiquetas, a diversão foi muito boa. Era tudo muito informal.

Com uma facilidade enorme de fazer amizades, promovia lanches na minha casa para amigas e clientes para que todas pudessem conhecer os produtos da Marie Biju.

Após seis meses, eu estava organizando bazares no playground no meu prédio com vários outros fornecedores, inclusive de comida, como o Arte Burguer Gourmet. O melhor de tudo é que todos os meus familiares acabavam se envolvendo e me ajudando muito na organização e no próprio evento. Em especial agradeço a minha filha, marido, mãe e a uma grande amiga, Tais Caldas, formada na Faculdade de Belas Artes, que fazia toda a parte de decoração sem medir esforços.

Após o terceiro evento vi a necessidade de abrir uma empresa, buscar lugares maiores com uma estrutura que melhor atendesse às demandas de eventos grandes e com um novo propósito: incentivar artesãs e pequenas empreendedoras.

Então fui em busca de um local e pessoas que tivessem a mesma intenção. Foi nesse momento que eu conheci a Telma Lima – na época dona de uma confecção em São Cristóvão. Juntas posso garantir que fizemos barulho no bairro. Criamos o Movimento "Portas Abertas" em São Cristóvão. Éramos somente mulheres em busca de ajudar outras mulheres – empreendedorismo feminino legítimo e tendo interessantes resultados. Promovíamos palestras com temas sobre o empoderamento feminino, desfiles, oficinas, cursos, etc.

Selecionávamos artesãs para expor em nossos eventos com o simples objetivo de incentivá-las. Isso me deixou muito feliz!

Mais ainda quando recebi uma mensagem em 2022 de uma das expositoras selecionadas, agradecendo toda a experiência vivida dentro do Movimento "Portas Abertas" e informando que hoje ela é muito feliz no que faz.

> *"O valor de um agradecimento é infinitamente gratificante e alimenta a alma."*

Retomando a linha do tempo, e retomando a vida corporativa, em julho de 2018 voltei a trabalhar na Telespazio Brasil S/A, lembrando que é uma empresa do ramo de telecomunicações e que em julho de 2024 completei 16 anos de carreira nessa organização, claro que com algumas interrupções, que só fizeram parte de um grande aprendizado. No meu terceiro retorno assumi algumas responsabilidades na área de gestão de pessoal e benefícios; como não havia um departamento de RH, o meu chefe direto era o Chief Financial Officer. Imaginem um chefe de exatas!

Passados sete meses, o meu chefe perguntou se havia algum interesse da minha parte em trabalhar com ele na área financeira e administrativa.

Veja que loucura! Voltei para exatas, no início como uma analista financeira. Nessa nova viagem eu expandi ainda mais o meu conhecimento, não precisei fazer nenhum curso para me preparar, pois o meu professor foi e continua sendo o CFO – Marcelo Nahu. Sem limites e com muita paciência, o crescimento vem ocorrendo até hoje. Em 2023 eu assumi o cargo de gerente de Tesouraria, a minha principal atividade é monitorar e gerenciar o fluxo de caixa para garantir que os recursos financeiros estejam disponíveis e que sejam gerenciados de forma eficaz. Também mantenho relacionamentos com as filiais estrangeiras, mantendo assim um controle do fluxo de caixa de todas as empresas.

Hoje, além da minha atividade profissional exercida na Telespazio Brasil, também sou uma das conselheiras consultivas de uma *startup* chamada Nucleário e continuo incentivando o empreendedorismo feminino.

O segredo do meu sucesso

Interessante, falei um monte de coisas sobre a minha vida profissional, mas a minha mensagem principal nesta leitura não foi a minha carreira, onde trabalhei, quantos anos, onde estudei e sim o quanto eu agarrei as oportunidades que me foram ofertadas sem hesitar para conquistar o meu sucesso. Por isso, eu digo e aconselho: aproveitem as oportunidades que a vida lhes oferece.

Acho que ficou perceptível que, a todo momento, agradeci pessoas que tiveram um destaque na minha vida profissional e pessoal, não importando qual fosse ele. Para mim, humildade e gratidão alimentam a alma.

Então, não posso terminar de escrever sem agradecer àqueles que não fazem parte da minha vida profissional, porém sem eles a vida não teria tanta graça e ensinamentos. Obrigada à minha avó "fofolete", por toda educação que me deu, à minha mãe, que sempre esteve ao meu lado nos momentos mais difíceis, ao meu pai, com os "papos cabeça", à minha linda e maravilhosa filha, que fez o meu sonho de ser mãe se realizar e um muito obrigada para o meu marido, que sempre me apoiou nas maiores loucuras que a vida me propôs. Obrigada aos meus irmãos, Eduardo Augusto e Luiz Henrique, por me ensinar desde pequena que compartilhar é um ato glorificante, obrigada à minha irmã Ana Carolina, que sempre foi minha bonequinha dos olhos azuis, obrigada à minha irmã Juliana, que me inspirou a fazer muitas coisas diferentes, como escrever um livro para ela quando éramos jovens. Obrigada ao meu enteado, Alberto Galo, por fazer parte da minha vida e a todos os meus familiares, que eu amo tanto. Gratidão aos meus amigos incansáveis da dança, da prática de yoga, do vôlei, do trabalho e amigos da vida.

"Use a gratidão como um manto. E esta irá alimentar cada canto da sua vida."

Advogando e Pesquisando no Setor de Telecomunicações

Cibelle Mortari Kilmar

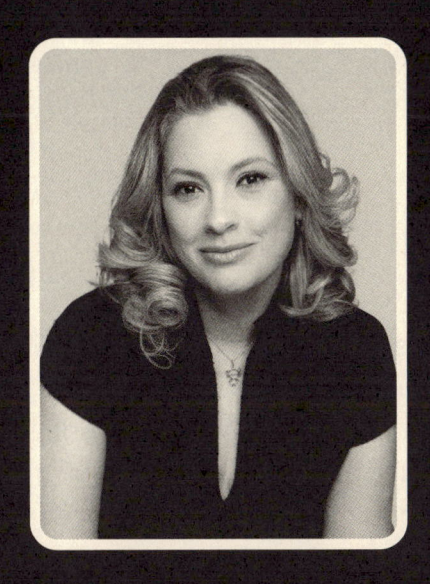

Advogada. Pós-graduação em Administração Financeira e Controladoria pela Faap (2006). Pós-graduação em Direito Digital e das Telecomunicações pelo Mackenzie (2012). Mestre em Direito Político e Econômico pela Universidade Presbiteriana Mackenzie (2019). Doutoranda. Atuação profissional em Direito digital, proteção de dados e telecomunicações.

LINKEDIN

Começo pelo meu par de tênis All Star vermelho, a camiseta de banda de rock e o jeans surrado. Assim fui vestida para o meu primeiro dia de aula na faculdade de Direito de Mogi das Cruzes/SP aos 17 anos de idade, rompendo o paradigma de ser a segunda mulher na família que cursou ensino superior.

Eu sempre fui muito extrovertida e naquele momento não sabia ao certo se eu desejava ser advogada ou jornalista. O fato é que eu queria resolver todos os problemas do mundo e então o curso de Direito foi quase uma consequência lógica da minha perseguição pelo ideário de justiça.

O curso de Direito era no período noturno, para que eu pudesse ter independência financeira, e, para quem queria mudar o mundo aos 17 anos como eu, ter seu próprio dinheiro significava também ser dona do próprio nariz e fazer suas próprias escolhas, sem perder de vista que sou de uma família matriarcal, que sempre privilegiou o casamento e a maternidade como objetivos norteadores de vida.

Pode parecer clichê, mas, para mim, os desafios e as dificuldades enfrentados, sempre trabalhando durante o dia e estudando no período noturno, tiveram uma força inigualável de transformar toda a impulsividade da juventude em experiência, o que me levou do bacharelado até o doutorado em Direito político e econômico e a publicar livros e artigos científicos no setor das telecomunicações[1].

Voltando aos 17 anos de idade, no então primeiro ano da faculdade, por intermédio da Silvia Helena, uma parente materna, a primeira mulher da família que cursou ensino superior, tirei o All Star dos pés, a camiseta de banda de rock e o jeans surrado e fui contratada por um escritório de advocacia para a função de anotar os recados, fazer o arquivo, passar o café e ir ao Fórum para protocolar petições. Eu enfrentava essa rotina de trabalhar

---

[1] KILMAR, C. M.; NOHARA, Irene Patrícia. *Lei Geral de Telecomunicações Comentada*. 1a. ed. São Paulo: Thomson Reuters, 2020. v. 1. 363p . KILMAR, C. M.; BORGES, Gabriel Oliveira de Aguiar; Saavedra, Giovani. *A Atividade da ANPD e a Livre-Iniciativa*: O Necessário Diálogo de Fontes entre a Lei da Liberdade Econômica e as Normas de Proteção de Dados em uma Perspectiva de Inovação. In: Giovani Saavedra (Org.). Governança Corporativa, Compliance e Proteção de Dados. 1a. ed. São Paulo: Eseni, 2022, v. III, p. 26-41. KILMAR, C. M.; SAAVEDRA, Giovani. *A Lei Geral de Proteção de Dados nas Prestadoras de Telecomunicações*. In: Giovani Saavedra (Org.). Governança Corporativa, Compliance e Proteção de Dados. 1a. ed. São Paulo: Eseni, 2021, v. II, p. 56-66. KILMAR, C. M.; BARBAS, L. M. V.; TREGUER, L. M. *Reforma política*: reflexos sobre a composição do parlamento de acordo com a Emenda Constitucional nº 97/2017. In: Eduardo Tambelini Brasileiro; Heleno A. Facco Junior; Pedro Vitor Melo Costa (Org.). Temas Intrigantes do Direito Eleitoral Brasileiro. 1ª. ed. São Paulo: Ed. Mackenzie, 2018, v., p. 336-351. KILMAR, C. M.; AMOROSO, H. V. A. E. *Responsabilidade de Sócios, Administradores e Conselheiros*: Facetas aplicadas do Criminal Compliance. In: Irene Patrícia Nohara; Flávio de Leão Bastos Pereira (Org.). Governança, Compliance e Cidadania. 1a. ed. São Paulo: Thomson Reuters, 2018, v., p. 205-220. KILMAR, C. M. *O Auxiliar Local que prestou serviços ininterruptos para o Brasil no exterior, admitido antes de 11 de dezembro de 1990, submete-se ao Regime Jurídico dos Servidores Públicos Civis da União*. In: Maria Sylvia Zanella Di Pietro; Irene Patrícia Nohara (Org.). Teses Jurídicas dos Tribunais Superiores - Direito Administrativo. 1a. ed. São Paulo: Thomson Reuters, 2017, v. III, p. 857-866. KILMAR, C. M. *O Debate jurídico acerca da reversibilidade de bens em telecomunicações*. In: XXXII Congresso Brasileiro de Direito Administrativo, 2019, Florianópolis. Limites do Controle da Administração Pública no Estado de Direito. Curitiba: Íthala, 2019. v. I. p. 367-378. KILMAR, C. M. *Consulta Pública No. 38 da ANATEL e seus impactos na resolução No. 741, que aprovou o Regulamento de Adaptação das Concessões do STFC para Autorizações do mesmo serviço*. 2022 (Apresentação de Trabalho/Conferência ou palestra). KILMAR, C. M. *O Papel das Telecomunicações na Transformação Energé*tica para a Sustentabilidade. 2022 (Apresentação de Trabalho/Conferência ou palestra). KILMAR, C. M. O dilema que envolve as redes aéreas de distribuição de energia e de telecomunicações. 2022 (Apresentação de Trabalho/Conferência ou palestra). KILMAR, C. M. *Telecomunicações do Futuro*. 2020 (Apresentação de Trabalho/Conferência ou palestra). AMOROSO, H. V. A. E.; KILMAR, C. M. *Criminal Compliance e a Responsabilidade Penal dos Sócios, Administradores e Conselheiros*. 2018 (Apresentação de Trabalho/Comunicação). KILMAR, C. M. *O Debate jurídico acerca da reversibilidade de bens em telecomunicações*. 2018 (Apresentação de Trabalho/Comunicação).

e estudar, privada de sono, ganhando salário mínimo, com uma invejável determinação e alegria, vislumbrando sempre a tão sonhada autonomia e independência.

Não posso seguir sem explicar que sou a filha caçula do segundo casamento de minha mãe, que sempre foi o alicerce de tudo e de todos. A nossa família era provida pelo patrimônio deixado como herança pelos meus avós maternos, entretanto, ainda que minha mãe tivesse meios de nos prover sem ter que ir para o mercado de trabalho, as nossas possibilidades nunca nos permitiram grandes proezas financeiras.

Tenho muito de minha mãe em mim, que sempre me orientou sob o signo da força feminina. O fato de minha mãe ter ficado viúva muito cedo do primeiro casamento, com uma coragem invejável, rompeu com o destino que lhe haviam traçado e se mudou do interior para a capital com meus dois irmãos, à época com três e cinco anos respectivamente.

Embora minha mãe nunca tenha andado de transporte coletivo ou emitido carteira de trabalho, sempre foi uma mulher independente, altiva e logo depois que eu nasci se divorciou do meu pai, seu segundo marido, seguindo a vida rodeada dos filhos, netos e bisneto até quando nos deixou, em 2023. Vejo a trajetória da minha mãe como algo incrível, simplesmente.

Quando então aos meus 24 anos de idade, já tendo alcançado o objetivo de ter meu próprio dinheiro, me tornei advogada, com a dedicação e o comprometimento os quais a profissão requer como contratada em uma empresa de patrimônio próprio (*holding*), que me ensinou muito.

Naquele momento, vi a necessidade de aprender sobre finanças, contabilidade, vida corporativa e liderança. Fui então cursar pós-graduação *lato sensu* na Faap em finanças e controladoria, me dedicando aos estudos de gestão empresarial, para aprender sobre o mundo negocial, com maior entendimento das diversas outras áreas que compunham uma empresa.

Ao mesmo tempo que aprendi muito, me frustrei igualmente. Hoje percebo com clareza solar que sempre fui vocacionada à advocacia e aquele mundo das fórmulas e planilhas do mundo empresarial não atendiam, ao menos naquele momento, aos meus anseios profissionais.

Acredite, olhe para dentro de você, ouça seu coração e não tenha medo de encontrar suas respostas. Criei uma coragem igual à de minha mãe quando se mudou do interior para a capital, e abri mão da estabilidade do salário garantido no final do mês e me lancei em busca de um escritório de advocacia, para, então como advogada, efetivamente aprender a profissão, a elaborar petições, entender o processo judicial e, sobretudo, encontrar uma especialidade com a qual eu me identificasse.

O início de qualquer jornada é difícil para todos e para mim não foi diferente. Quando se anuncia uma grande mudança, em busca de uma nova trajetória, é necessário considerável dose de coragem para abandonar a zona confortável daquilo tudo que se conhece, ainda que seja no início de carreira, com a juventude sendo sua melhor amiga.

Eu trabalhava já há mais de seis anos na mesma empresa, consolidada em suas atividades, e eu recebia um salário muito superior à média para o meu momento profissional. Além disto, eu me reportava diretamente ao sócio-proprietário e vislumbrava crescimento na empresa.

Houve momentos em que quase recuei, pois não poderia trocar a segurança da vida corporativa pela insegurança de empreender na advocacia de maneira autônoma, sem nenhum escritório herdado, sem um sobrenome de tradição jurídica ou qualquer outro caminho previamente construído.

Com a ajuda das boas e virtuosas forças do destino, conheci, por intermédio de colegas que faziam parte do meu convívio profissional, a Claudia Almeida, minha melhor amiga e sócia por 23 anos. Ela era uma advogada renomada, especializada em licitações públicas, palestrante, autora de livros sobre a lei de licitações e bem naquele momento o setor das telecomunicações estava em franca abertura ao mercado nacional, em processo de atribuição de outorgas e de desestatização para o Serviço de Telefonia Fixa Comutada – STFC e para o Serviço de Comunicação Multimídia – SCM.

Importante contextualizar que anos antes, em 1997, foi criada a Lei Geral de Telecomunicações – Lei nº 9.472/97, que criou a agência reguladora Anatel e ao mesmo tempo retirou a exclusividade da exploração das telecomunicações de empresas sob o controle acionário do Estado, com o objetivo de ampliar o regime competidor do setor e superar o gargalo tecnológico à época, melhorando os serviços, até então com demanda altamente reprimida, e que necessitavam de maciços investimentos para avançarem na densificação da prestação das telecomunicações em território nacional. Resumidamente, começamos no Brasil a navegar na internet e a utilizar o telefone fixo e celular como ferramenta de comunicação, o que até então vinha em passos lentos e tímidos.

Nos anos que se sucederam à desestatização do setor, a expertise em licitações do escritório era de fundamental importância, sendo liderado com a competência impecável da Claudia, e, ao passo que as prestadoras nasciam com a obtenção das outorgas, experimentavam novos desafios, e novas disputas se estabeleceram, me inserindo no setor quase que de forma tênue e perene, no âmbito das prestadoras de telecomunicações de pequeno porte, as chamadas prestadoras competitivas.

Eu era feliz antes, no curso da trajetória de encontrar um lugar ao sol e quando comecei a trabalhar no setor das telecomunicações a mágica se fez. Novamente fui em busca de estudo e conhecimento, ingressei no curso de pós-graduação *lato sensu* em Direito digital e das telecomunicações do Mackenzie.

Além disso, passei a ter as resoluções e regulamentos da Anatel sobre a mesa de cabeceira, para entender o setor e aprender o que são as telecomunicações, como são as redes, as modalidades dos serviços, as tecnologias e as suas nuances, passando pelo arcabouço dos direitos dos consumidores dos serviços, chegando às questões envolvendo estratégias tributárias.

Com uma vontade infindável de aprender e confesso que sigo perenemente assim, contei com os bons amigos que a profissão me trouxe, engenheiros de telecomunicações generosos que sempre compartilharam conhecimento, com enorme paciência.

A reboque dos amigos, vieram também os adversários em disputas acirradas, considerando a alta competitividade estabelecida no setor e, sobretudo, diante da diferença de porte empresarial, o que é muito desafiador. Passei então a litigar com escritórios altamente qualificados, com equipes de especialistas e tudo o quanto baste para representar as prestadoras de telecomunicações com poder de mercado significativo, as grandes prestadoras, por exemplo, a Telefonica, a Embratel, a Tim, dentre outras.

O setor das telecomunicações me fez quem sou, evidentemente, e me casou também com o Paulo. Em 2016, chegou a luz da minha vida, minha filha Helena, e digo de pronto que não é fácil levar uma vida dura de advogada, atendendo a diversas prestadoras de telecomunicações, administrando equipe, controlando as finanças e sendo mãe, mas isso é totalmente possível.

Confesso que não tive licença-maternidade, já viajei deixando-a com febre nas mãos da babá, atrasei para buscá-la na escola e não consigo ser aquela mãe que faz álbuns de fotografias. Contudo, vejo valor efetivo no exemplo, aqui no meu caso, da mãe profissional que defende com todas as forças a preservação das escolhas pessoais, da vocação profissional, da autonomia e da independência.

Fazendo tudo ao mesmo tempo, sem perder de vista a minha fé inabalável no Direito e obstinada sempre a melhorar, prestei o exame admissional do Instituto Presbiteriano Mackenzie para o mestrado acadêmico.

Não me acanho em dizer que era apenas uma experiência, para quando, na eventualidade de haver uma oportunidade, cursar o mestrado acadêmico. Passei no processo seletivo, que é concorrido, considerando que o Mack, como carinhosamente todos chamam, é uma universidade particular de grande prestígio, com curso de pós-graduação *stricto sensu* consolidado.

Na época eu não podia deixar passar a chance. Eu não dormia em razão de a Helena ser muito pequenina e ao iniciar o curso também não, pois tinha que cumprir os créditos e cursar o mestrado acadêmico. Minha vida mudou novamente. Na pós-graduação *stricto sensu* tudo muda de figura e precisei me transformar de advogada litigante em pesquisadora, o que faria muita diferença na minha trajetória.

No Mack fiz colegas maravilhosos, grandes pesquisadores. É uma instituição de ensino muito séria, que acolhe os discentes da maneira mais generosa do mundo, sem deixar de lado o alto nível exigido para que as pesquisas sejam de qualidade.

É sabido que as pessoas mais influentes e bem-sucedidas buscam conhecimento, leitura, programas educacionais, trocam ideias e são generosas, pois compartilham o conhecimento adquirido com as pessoas ao seu redor, numa espécie de retribuição ao mundo, e lá no Mack me senti amparada diante do desafio de escrever a pesquisa, os artigos, e integrar os grupos de pesquisas, tudo voltado ao setor de telecomunicações.

A Claudia, minha sócia e melhor amiga, nos deixou em decorrência de um câncer de mama e o seu legado foi de muito amor, amizade e competência e eu sou muito grata por todo o trabalho honesto e duro, lado a lado, por anos a fio, e por ter sido minha inspiração e apoio. Este foi um duro revés da vida.

Dizem na vivência acadêmica que, se você é fisgado pela angústia do conhecimento e as dúvidas se tornam maiores que as afirmações, seguramente você estará no caminho certo. A pesquisa do mestrado buscou averiguar os debates sobre a regulação e desregulação do setor das telecomunicações, sob o enfoque concorrencial e principalmente os reflexos dela decorrentes no desenvolvimento socioeconômico brasileiro[2].

Do mestrado defendido, prestei novamente o exame admissional no Mack, agora para o doutorado, tendo aprovação para este novo desafio.

---

[2] 2017 – 2019: *A (Des)regulação do Setor de Telecomunicações e seus impactos no desenvolvimento socioeconômico no Brasil*. Descrição: Pesquisa que busca averiguar os debates sobre a regulação e a desregulação das telecomunicações e os seus reflexos para o setor sob o enfoque concorrencial, enfatizando, principalmente, os efeitos que podem afetar o desenvolvimento socioeconômico do país. Sabe-se que a organização pública brasileira vem sendo paulatinamente transformada, sob o argumento de estruturar serviços essenciais para o alcance de um Estado mais eficiente e moderno, orientado aos interesses da sociedade. Nesse contexto, o estudo alerta para os problemas enfrentados e os desafios a serem transpostos sob o enfoque político e econômico que envolve as telecomunicações. Conclui-se, pelos resultados da pesquisa, pela necessidade de reflexão na alteração e na confluência do regime jurídico dos serviços, para uma opção menos danosa à sociedade e sob o ponto de vista da preservação da competição entre os agentes do setor, a fim de promover o estímulo e proporcionar a massificação dos serviços para toda a população.

Acontece que a vida, por vezes, o faz pausar e respirar e eu fiz isso. Na pandemia da Covid-19, a Claudia já estava muito doente, precisando se retirar do escritório, os negócios estavam muito difíceis pela sociedade longeva que se desfez e ainda por cima eu atravessei um divórcio.

Não me acanho em contar a caminhada, pois eu sou melhor hoje e naquele momento da vida eu precisei de tempo para me fortalecer, com a mente no sentido de que parar é diferente de desistir. O problema é que a minha inquietude me lança em desafios que nem eu mesma entendo, e desta vez eu fui para o interior, para a cidade de minha mãe, restaurar a casa dos meus avós, buscando novos ares, numa perspectiva oposta da vida. Tenho que confessar que este movimento não foi um lindo romance, pois o imóvel de mais de cem anos estava há pelo menos 30 completamente fechado.

Resgatar a memória familiar, viver no ritmo do interior me fez imensamente feliz e me abriu para um novo amor, o Fernando. A pandemia acabou, as dores se acomodaram e a vida foi refeita em outras bases e em novos termos, mais madura e com mais clareza para tomar decisões. Reformulei o escritório e retomei o doutorado, desta vez analisando os limites do ativismo de contas na regulação das telecomunicações[3].

Trabalhar como advogada no setor das telecomunicações, defendendo com fé e buscando conhecimento é muito gratificante e me fortaleceu enormemente como profissional, pois me deu resiliência, me deu autoconhecimento, e sigo em busca constante de criatividade para resolver questões complexas, sabendo que

---

[3] 2020 – Atual: *Limites ao Ativismo de Contas na Regulação de Telecomunicações: Tribunal de Contas de União e Accountability Horizontal*. Descrição: Trata-se de projeto de pesquisa que tem por objetivo abordar matéria do direito administrativo econômico, no que diz respeito à função regulatória do Estado, vez que não é exercida somente pelas agências reguladoras, mas sim por todo o seu aparato organizacional, que tem como característica implícita a possibilidade de regular qualquer atividade, seja ela econômica ou não econômica.

em tudo isso há certa renúncia, há certa dúvida, vez que nem sempre temos a possibilidade de escolha e somos frutos deste universo grandioso.

De longe, o melhor de mim e de minha trajetória, além de ter realizado sonhos, criado laços afetivos, um escritório especializado, foi ser mãe da Helena, o que me faz uma mulher plenamente realizada e feliz com o conjunto da obra. Olhando para o passado tenho consciência da evolução, no entanto, tenho uma fé inabalável no futuro e naquilo que ainda está por vir e no quanto posso transformar as pessoas a minha volta e a mim mesma, levando sempre comigo a menina que usava o tênis All Star vermelho, a camiseta de banda de rock e o jeans surrado.

**Fazendo tudo certo,
não tem como dar errado!**

Claudia Viegas

Possui mais de 25 anos de experiência em consultoria, com ênfase em Regulação Econômica e Políticas Públicas.

Foi secretária-adjunta da Seae, no Ministério da Fazenda, onde atuou na defesa da concorrência e regulação econômica em setores como energia, telecomunicação, mídia, saúde e agricultura. Além disso, fez parte do Conselho de Administração da EPE e da Embrapa e representou o Ministério da Fazenda na CMED, CNDD e no Comitê Interministerial de Desenvolvimento da TV Digital. Participou da elaboração de editais de licitação e concessão, bem como da formulação de regramentos tarifários (TIR, Fator X, etc.), além de análises das pautas do CNPE em temas como priorização de investimento e diversificação da matriz energética.

Atualmente, assessora clientes de telecomunicações em temas como suporte à implantação e revisão do manual de contabilidade regulatória (RSAC), controle patrimonial dos ativos da concessão e bens reversíveis, compartilhamento de infraestrutura entre setores, e análises tributárias, entre outros.

LINKEDIN

O Início

Beira Grande, 1943. Aldeia onde meu pai nasceu, localizada a cerca de 450 quilômetros ao norte de Lisboa, Portugal. Minha mãe nasceu três anos depois na aldeia vizinha de Selores, a menos de seis quilômetros de distância. Ambos se conheceram anos mais tarde em São Paulo, Brasil.

Selores e Beira Grande pertencem ao concelho de Carrazeda de Ansiães[1], onde acontecia a feira mensal em que os moradores se encontravam. A economia local era baseada principalmente em troca, focada naquilo que a terra produzia, com pouco dinheiro em circulação.

A família da minha mãe possuía uma taberna em Selores, um estabelecimento típico das aldeias portuguesas, servindo como armazém local e fornecendo vinho, bagaceira e refeições rápidas. Minha avó materna era padeira. Comandava os fornos comunitários e vendia pão para as aldeias vizinhas, incluindo a família do meu pai.

Meu pai trabalhava como pastor de ovelhas com meu avô, ganhando a vida pelo cuidado dos rebanhos e adubando as terras. Ainda hoje meu pai sabe se guiar pelas estrelas de Beira Grande.

---

[1] Para mais informações sobre as aldeias do Norte de Portugal ver U. F. Lavandeira, Beira Grande e Selores (cm-carrazedadeansiaes.pt), acessado em 27 de junho de 2024.

Sabe a direção das melhores pastagens, onde ele conseguia boa remuneração por deixar os animais tratando a terra. Aos meus olhos, uma vida difícil e cheia de privações. Nas palavras do meu pai, uma vida muito boa de ser vivida!

Aos 18 anos, meu pai enfrentou a escolha entre lutar em uma guerra na África, conforme os planos do governo de Salazar, ou emigrar para o Brasil. Ele escolheu a segunda opção e se lançou ao mar.

Estabeleceu-se em São Paulo, trabalhando na Ceagesp, vendendo verduras e legumes no mercado atacadista. Recebia a mercadoria ao início da tarde, diretamente dos chacareiros. Nesse momento, meu pai rodava o mercado a pé, muito apressado e atento. Via os caminhões descarregando a mercadoria do dia. Via os principais clientes que chegavam. Conhecia as preferências de cada um. Oferta e demanda dançavam diante dos seus olhos, e ele, na sua caderneta, formava o preço dos produtos e saía para ganhar o dia.

A hiperinflação dos anos 80 e início dos 90 no Brasil impôs um ritmo frenético ao comércio. Os índices de variação de preço acumulavam dois dígitos em um único mês. A inflação medida pelo IPCA acumulou entre janeiro de 1980 e dezembro de 1989 a impressionante cifra de 42.406.960,32%. Os ganhos econômicos estavam sobretudo no chamado *overnight*, aplicações que possibilitavam ganhos financeiros da noite para ao dia.

A hiperinflação impunha um ritmo de gincana em tarefas do dia a dia. O congelamento de preços, não raro, escasseava os produtos das prateleiras tamanha a dificuldade de se manter os processos produtivos com os preços tabelados. A escassez de produtos impunha limites nas compras de determinados itens, inclusive de primeira necessidade. Íamos em família para o supermercado como forma de driblar as filas e garantir a quantidade necessária para abastecer a família no período. Havia também a gincana, difícil de ganhar, de juntar dinheiro para a compra de algum luxo para a época. A capacidade de poupar quase nunca vencia a velocidade com que os preços subiam e a tão desejada boneca Lá Lé Li Ló Lu Patinadora ficava mais uma vez na prateleira da loja.

Nessa época, meu pai preferia não fazer a dança do *overnight*. Recebia a mercadoria dos chacareiros e pagava na hora. Ele sabia que o principal para o seu negócio era ter acesso ao produto. Foi assim que ele conseguiu o impossível e conquistou uma vida com conforto material e há muitos anos se divide entre Brasil e Portugal, ficando onde o clima está mais quente.

Eu sou a terceira de três filhas. A primeira geração além-mar e a primeira a ter um curso superior. Trabalhar com meu pai na Ceagesp despertou meu interesse por estudar economia.

O Meio

1994. Ano do Plano Real. Inicio o curso de Ciências Econômicas na FEA/USP.

A efervescência na FEA era imensa. Muitos seminários e debates em torno da expectativa do fim da hiperinflação e a inauguração de uma nova agenda de política econômica para o país. No ano anterior ao meu início da faculdade, em 1993, Douglass North recebia o prêmio Nobel de Economia. Economia Institucional cresce como ramo de pesquisa justamente quando o Brasil passava por reformas e transformações profundas.

Eu era estagiária no Banco o Brasil quando o Real entrou em circulação. A tensão era grande. A sociedade escaldada com a sucessão de planos econômicos anteriores. Na porta do banco, protestos com faixas dizendo "Não é pesadelo. É real". Passei o dia atendendo ao telefone clientes confusos sem entenderem como o saldo na conta havia se reduzido tanto. Não foi o tradicional corte de três zeros que gerou a nova moeda. A conversão se deu pela Unidade Real de Valor, a URV, que em 30 de junho de 1994 valia CR$ 2.750,00. Essa foi a taxa de conversão do Cruzeiro Real (CR$) para o Real (R$).

O Brasil começou os processos de privatização e a Anatel (Agência Nacioal de Telecomunicações) foi a primeira agência reguladora a ser instalada, em 5 de novembro de 1997. Separar as funções do Poder Executivo (responsável pela formulação das políticas públicas) e da agência reguladora (condução dos contratos e regramentos regulatórios) é crucial. Separar o papel do Governo e do Estado se torna fundamental para conferir segurança no cumprimento dos contratos advindos dos processos de privatização. Contratos com prazos de mais de 20 anos, período condizente com a maturação de investimentos em indústrias intensivas em capital. Prazo que vai muito além de um mandato presidencial, portanto.

O sistema Telebrás foi privatizado em 1998 através de um leilão que dividiu o Brasil em quatro macrorregiões em que empresas privadas se tornariam concessionárias do serviço de telefonia fixa, assumindo os ativos e compromissos da União até o ano de 2025. A privatização rendeu à União US$ 22 bilhões[2]. A migração do modelo de monopólio estatal para um regime de exploração privada, com competição, trouxe relevantes ganhos para o consumidor. Antes da privatização, uma linha de telefonia fixa custava o equivalente a US$ 5 mil, com fila de espera de dois a cinco anos[3].

Completei meu mestrado e doutorado na FEA/USP, onde estudei até 2006. Fui professora da Faap, UniFecap, palestrante da FGVLaw e professora da FEA/USP também. No MBA da Fipe dei aula por quase duas décadas.

Trabalhei no Ministério da Fazenda de novembro de 2004 até março de 2007, na Secretaria de Acompanhamento Econômico, tratando dos setores de Telecomunicações e Mídia, energia, saúde e agricultura. Tive a chance de ver a regulação econômica e a formulação de políticas públicas ao vivo.

---

[2] Veja mais em https://www.uol.com.br/tilt/noticias/redacao/2018/07/30/apos-20-anos-de-privatizacao-uso-do-telefone-mudou.htm?cmpid=copiaecola&cmpid=copiaecola

[3] Idem.

Ocupei diversas posições[4], sendo a primeira mulher a ocupar algumas dessas cadeiras.

O Hoje

2024. O Plano Real completa 30 anos. O Brasil venceu a hiperinflação. De janeiro de 1995 a dezembro de 2004, o IPCA acumulou alta de 136,0%.

Atualmente, o serviço de telefonia fixa está em amplo desuso. A telefonia sofreu relevantes transformações e a regulação foi capaz de acomodar os novos serviços. A ativação do 5G no Brasil aconteceu em 6 de julho de 2022. A nova tecnologia permite a transmissão de dados em altas velocidades e baixa latência, ampliando a gama de serviços e aplicações possíveis. Em 1997 o Brasil tinha 4,5 milhões de acessos de telefonia móvel. Em abril de 2024 eram 259 milhões. O setor discute o término dos contratos de concessão de telefonia fixa, que serão encerrados em 2025.

A pirâmide demográfica brasileira mudou drasticamente, com um aumento significativo da população idosa e uma redução da população jovem. Em 2000, a população acima de 60 anos somava 9%. Em 2022, já alcaçava 16%. Por outro lado, a faixa de 10 a 29 anos passou de 39% para 29%, segundo dados do censo demográfico do IBGE. O Brasil perdeu o chamado bônus demográfico. Temos mais pessoas fora do

---

[4] Fiz parte do Grupo de Trabalho interministerial para a implantação da TV digital no Brasil, discussões regulatórias afetas ao Fator X das tarifas de Telefonia Fixa, regramentos para leilões de espectro, leilões de Jirau e Santo Antônio, regramento para os primeiros leilões de biodiesel, estudos para o leilão de Belo Monte (rio Xingu), discussões interministeriais no âmbito do CNPE (Conselho Nacional de Política Energética), fui representante do Ministério da Fazenda nos Conselhos de Administração da EPE (Empresa de Pesquisa Energética), da Embrapa e também na CMED (Câmara de Regulação do Mercado de Medicamentos). Participei do grupo de trabalho para a criação da Anac (instituída em 2005), substituindo o Departamento de Aviação Civil, que ficava no Ministério da Defesa. Fiz parte do Conselho Federal de Direitos Difusos.

mercado de trabalho (abaixo de 14 anos ou acima de 60) do que a população economicamente ativa, desde 2017.

A Teoria Econômica acompanha os desafios e os temas relevantes que passam a ter destaque na sociedade contemporânea. O Prêmio Nobel de Economia de 2023 foi para Claudia Goldin, autora de um estudo que mostra a complexidade das disparidades de gênero no mercado de trabalho. Em 2024, Esther Duflo recebe o prêmio Nobel de Economia evidenciando como as mudanças climáticas afetam a economia mundial, sobretudo pelo aumento das desigualdades.

Sigo trabalhando como consultora, focada em regulação e políticas públicas. Avanços importantes aconteceram em termos de diversidade e inclusão. Mas ainda há muito por ser feito. Enquanto as instituições (escolas, empresas, indústrias...) não tiverem em seus quadros, nos diversos niveis hierárquicos, uma foto similar à da sociedade, será necessário falar e agir sobre isso.

Busco reverberar em mim tudo aquilo que aprendi com as pessoas que encontrei no caminho, em especial as mulheres que me precederam. Sempre houve mulheres em lugares de destaque, liderança e até mesmo de poder por onde eu passei. Em muito menor número, majoritariamente brancas, mas sempre houve. A questão não é a presença em si mas o esforço exigido das mulheres para chegarem – e se manterem – nesses lugares. O tempo dedicado com o cuidado da casa, dos pais, dos filhos sempre foi muito mais elevado para as mulheres, concorrendo com horas de estudo, descanso e trabalho.

Além do nível de esforço, o nível de exigência. Durante a faculdade, era muito comum ver professores palestrando de improviso, de forma muito descontraída e confortável (conforto refletido inclusive nas suas roupas e sapatos) - enquanto as professoras tinham materiais completíssimos dispostos numa apresentação com uma organização e estética visual impecáveis, falando em pé, equilibrindo-se num salto alto. Hoje isso ainda é muito comum de se ver, nos painéis e eventos em que sou chamada a palestrar e moderar.

Seguir reverberando as mulheres incríveis que encontrei me motiva a trabalhar por muito e muito tempo. Assim, quem sabe, eu ajudarei a pavimentar um caminho melhor para quem está chegando. Que as novas gerações possam vir por inteiro, sem ter que deixar nada de si escondido em casa. Assim, teremos um ambiente efetivamente diverso e inclusivo.

Perguntei ao meu pai como ele via as decisões que tomou ao longo de sua trajetória e a vida que construiu, ao que ele prontamente me respondeu: "Fazendo tudo certo, não tem como dar errado!"

Resiliência me Define

Eliane Atilio de Oliveira

É uma mulher forte que completou 60 anos em julho deste ano de 2024, com uma cabeça de menina sonhadora. Ela sabe que as coisas acontecem mais tarde em sua vida e, por isso, não se preocupa, apenas trabalha para que se realizem.

Ao longo de mais de 30 anos, atuou como consultora de TI e Telecom em grandes empresas do setor de telecomunicações, sempre obtendo resultados com cronogramas desafiadores. Esteve constantemente em posições nas quais o resultado do trabalho era a experiência do cliente.

Participou de migrações de sistemas e processos críticos, garantindo a entrega de desafios complexos, envolvendo áreas financeiras e comerciais. Participou também em projetos de abertura de mercados, de lançamento de produtos no mercado, de conquistas de ISO 9000 e de reestruturações.

Sempre buscou a excelência no atendimento como um ato de garantir a satisfação e encantamento do cliente. Realiza um trabalho de relacionamento confiável, transparente e eficiente, fazendo com que o cliente se sinta valorizado. Demonstra sempre um prazer em servir.

Administradora de Empresas formada pela UNITRI/MG com pós-graduação em Marketing e MBA em Gestão de Negócios/TI.

LINKEDIN

Capítulo I – Infância
Ignorância é escudo contra a infelicidade?

Minha infância foi difícil e minha juventude ainda mais, como a de qualquer menina pobre. Entretanto, não posso reclamar, pois toda a dureza da infância e juventude me trouxe uma alta capacidade de adaptação, permitindo-me chegar até aqui com muitas cicatrizes, mas íntegra, equilibrada, resiliente e feliz!

Éramos muito pobres e o pouco de que me lembro é que faltava de tudo: comida, roupas, material escolar... e amor. Nossa casa tinha chão batido e era muito difícil viver ali, pois a terra nos sufocava.

Aos sete anos, já trabalhava como engraxate, mas logo descobri que se eu vendesse rosquinhas de leite condensado poderia ganhar um pouquinho mais. Com esta mudança pude ajudar mais em casa e eventualmente ia aos domingos ao cinema assistir "Tarzan". Foi nessa época que descobri que gostava de vender e que era muito boa com pessoas!

Minha mãe era semianalfabeta, conseguia ler apenas a Bíblia e alguns panfletos que estivessem em letra de imprensa. Ela aprendeu a ler sozinha e eu achava isso incrível. Mesmo com o pouco estudo, gosto de dizer que ela era a minha "empresária", pois quando eu tinha por volta de dez anos ela já arrumou o meu primeiro emprego "formal": eu era babá de um bebê de um mês chamado Leonardo. Eu era tão responsável e dedicada, apesar de ainda ser uma criança, que quando minha mãe me arrumou outro emprego, onde eu poderia ganhar um pouco mais, minha antiga patroa a procurou e pediu que eu voltasse. Fiquei orgulhosa, mas minha mãe não quis ceder. Foi nesse período que, com muita dificuldade, minha mãe conseguiu pagar um curso de datilografia para mim, que no futuro seria fundamental para que eu conseguisse o emprego que mudaria a minha vida, fato que relato no capítulo IV.

Capítulo II – Carteira de trabalho aos 14 anos

Aos 14 anos tirei minha carteira de trabalho e, obviamente, graças a minha mãe semianalfabeta – e minha empresária – eu comecei a trabalhar em uma padaria, na esquina da rua de casa.

Eu adorava trabalhar lá e fazia tudo da melhor forma possível. Atendia os clientes sempre com um sorriso no rosto. Mesmo meus dias começando às cinco da manhã e terminando após a meia-noite, eu não alterava o meu humor, estava sempre sorrindo.

Após este início de trabalho formal, passei por várias empresas, até que aos 19 anos, trabalhando em uma loja de jeans, o meu patrão reconheceu meu empenho e dedicação. Ele me presenteou com um curso do Senac, chamado "O Maior Vendedor do Mundo", inspirado no livro de *Og Mandino*, um guru de vendas. Esse curso marcou um ponto crucial em minha vida profissional, fornecendo-me as bases que orientaram toda a minha trajetória.

Dentre as lições valiosas que aprendi no curso, destaco um dos pergaminhos, que transformou minha vida:

"Viverei hoje como se fosse meu último dia!"

Esse ensinamento ressalta a importância de abordarmos cada ação com o máximo empenho e dedicação, seja ela trivial, como tomar um café com um amigo, ou profissional, como atender um cliente. Essa filosofia implica aproveitar plenamente cada oportunidade e experiência, aprendendo, evoluindo, se dedicando a cada atividade realizada.

Graças aos conhecimentos adquiridos nesse e em outros cursos proporcionados por meu empregador, adquiri qualificações que me permitiram ascender rapidamente, mesmo sendo jovem e inexperiente, e pude desempenhar a função de gerente de lojas por dois anos. Essa oportunidade proporcionou-me uma bagagem profissional significativa e marcou o início de toda uma jornada.

Capítulo III – Meus filhos – Grávida aos 17 e 26

Sempre gostei de estudar, mas enfrentei muitas dificuldades para prosseguir e concluir meus estudos. Eu tinha oito anos de idade, e ainda não estava na escola. Minha mãe não tinha noção do quanto era importante colocar um filho na escola, pois ela mesma nunca foi a uma escola. Porém uma ação da prefeitura me ajudou a iniciar minha vida escolar.

Foram períodos difíceis, porque minha mãe sendo semianalfabeta não tinha condições de me apoiar nas lições ou até mesmo me orientar. Mas o pior mesmo foi quando comecei a trabalhar no comércio. Naquela época, não havia fiscalização por parte do Ministério do Trabalho, e as empresas não demonstravam muito compromisso com a carreira de seus funcionários. Lembro-me que enquanto cursava o primeiro ano do ensino médio trabalhei em uma loja e constantemente não conseguia sair a tempo para assistir às primeiras aulas.

Chegava sempre atrasada, perdendo matérias e provas. Ano após ano, esse ciclo se repetia, até que desisti de vez.

Para complicar ainda mais, engravidei aos 17 anos, sem planejamento, e a convivência não deu certo. Deixei meu filho aos cuidados da avó paterna e segui em frente. Foi uma fase muito árdua, cheia de adversidades. A separação do meu filho foi a mais dolorosa de todas.

Aos 26 anos, ainda acreditando na felicidade, iniciei uma nova relação, acreditando que desta vez daria certo, tive uma filha, mas não deu. Custava-me aceitar que novamente fracassava em um relacionamento. Essa crença me impedia de encerrar a relação, pois pensava: "Onde estou errando?". Demorei para compreender que, em uma relação, ambos cometem erros e acertos. Não devemos assumir toda a responsabilidade pelo fim de uma união. Se não está funcionando, o melhor para todos é seguir caminhos diferentes, e foi o que fizemos.

Desta vez, no entanto, levei minha filha comigo. Esperei, planejei e me separei no momento adequado para conseguir levá-la comigo; eu venci. Foi assim que me senti.

Capítulo IV – Anjos

Eu tinha 26 anos, estávamos em 1991, e trabalhava vendendo assinaturas de jornal. Era muito difícil, mas trazia grande aprendizagem.

Em certo dia, um anjo apareceu em minha vida. Era uma senhora linda, gentil, amável e muito profissional, que me ofereceu um emprego. Ela disse: "Nossa, você é tão comunicativa! Gostaria de trabalhar como telefonista?".

Permaneci nessa empresa por 28 anos e agradeço todos os dias pelas grandes oportunidades que me proporcionaram. Comecei como telefonista e, ao longo do tempo, fui evoluindo para diferentes cargos, como atendente pessoal e telefônico, analista de qualidade, auditora de qualidade, analista financeira, gerente de contas e, por fim, coordenadora de vendas.

Uma das grandes oportunidades que tive enquanto trabalhava nessa empresa foi retomar os estudos. Não foi fácil, mas desta vez tive o apoio da empresa, com auxílio-educação, e de um segundo anjo que cruzou o meu caminho.

Além da senhora bondosa e gentil que mudou minha vida com seu convite, houve outra mulher que, sem pretensão, me ajudou a voltar aos estudos. Me motivando, me fazendo acreditar que eu conseguiria e que o conhecimento me libertaria. Na época, ela era minha gerente, o meu segundo anjo, e fez tudo que estava ao seu alcance para que eu concluísse o ensino médio e iniciasse meu curso superior. Enfrentei muitas dificuldades, como falta de dinheiro, uma filha pequena e um marido que não queria que eu estudasse. Estava em uma relação bem complicada: ele proibia que eu estudasse, mesmo assim, estudei escondido dele; meus livros ficavam debaixo da cama.

Após dois anos de muita luta e incentivo do meu novo anjo, consegui terminar o ensino médio. Foi então que ela me disse: "Agora, faculdade, menina!".

Mas como? Com um salário-mínimo, a mensalidade da faculdade era quase impossível para mim, e a opção pela universidade pública também parecia fora de alcance na época. Novamente, meu anjo me fez uma proposta que, graças a Deus, aceitei. Não foi fácil, mas conseguimos.

Em 1999, aos 30 anos, finalmente entrei para o curso de Administração de Empresas. A mensalidade representava exatamente 50% do meu salário, e foi muito difícil equilibrar as contas, mas deu certo. Após cinco anos eu me formei.

Capítulo V – Jornada profissional, faculdade e câncer

Como eu disse, minha trajetória profissional teve início como telefonista, uma fase que recordo com orgulho. Sempre busquei realizar meu trabalho da melhor maneira possível, pois acredito que devemos nutrir paixão pelo que fazemos, tornando-o parte da nossa identidade, independentemente da atividade desempenhada. Vejo que esse amor e dedicação refletiram-se em um desempenho destacado e abriram portas para muitas oportunidades.

Durante esse período, recebi o reconhecimento como "Atendente Nota 10" por três vezes, uma premiação que reconhecia o desempenho dos funcionários. Isso, para mim, foi novamente um reflexo do meu comprometimento, aliado a uma equipe e gestão eficientes.

Posteriormente, passei por algumas atividades administrativas até que tive a oportunidade de integrar a equipe responsável pela primeira certificação ISO 9000 na empresa, atuando como monitora e auditora de qualidade. Essa experiência foi enriquecedora, permitindo-me aprender diversas técnicas e trabalhar com ferramentas de qualidade, como PDCA, fluxogramas, diagrama de Ishikawa e diagrama de Pareto.

Nesse ponto da minha vida, eu frequentemente viajava para conduzir auditorias de qualidade como parte do processo de preparação para auditorias internas e externas. Ao mesmo tempo, eu estava cursando Administração quando descobri que estava doente. Sentia mal-estar sempre que comia, mas, devido às constantes viagens, nunca encontrava tempo para lidar com o problema e o ignorava. Após a conclusão dos processos de certificação ISO 9000, decidi consultar um médico e recebi o diagnóstico: câncer de estômago.

A cirurgia, que durou nove horas, atraiu muitas pessoas do meu trabalho, que desejavam acompanhar e rezar pelo sucesso do procedimento, lotando o hospital. O administrador teve que contatar minha empresa para pedir que as pessoas se retirassem, pois estavam perturbando a rotina hospitalar. Foi nesse momento que percebi quantos amigos tinha, quantas pessoas que se preocupavam comigo. Durante a cirurgia, uma surpresa, foi descoberto que o câncer havia comprometido todo o estômago, exigindo a remoção completa do órgão, e assim foi feito.

Submeti-me a uma Gastrectomia Total, uma cirurgia complexa que remove todo o estômago, linfonodos próximos e o omento, podendo incluir, em alguns casos, a remoção de outros órgãos adjacentes.

Passei muitos dias internada na UTI e emagreci 25 quilos. Foi durante esse período que conheci o meu terceiro anjo; naquela hora, eu estava com a sonda de alimentação, que me fazia sentir muito enjoo e mal-estar.

Era uma noite fria, quando uma enfermeira adentrou a UTI e percebeu meu sofrimento. Ela parecia um anjo, pequena e toda de branco se aproximou e me disse, bem baixinho: "Filha, não chora. Você não pode se deprimir. Você acha que consegue comer sem vomitar?". Eu respondi que sim e ela sugeriu: "Vamos fazer uma pequena tentativa, se você tiver qualquer sintoma, a gente para na hora!". Então ela trouxe gelatina, batida de mamão e uma coalhada, e disse: "Se você comer e não vomitar, a diretora da UTI pode aprovar a retirada da sonda. Vamos tentar!?". Era um anjo, que apareceu para me ajudar.

Durante três dias, eu comi tudo o que ela trouxe e não vomitei nenhuma vez. Chamamos a diretora, que era "linha dura", e tentamos negociar. Não poderia contar toda a história, pois iria prejudicar minha benfeitora, mas explicamos que eu já conseguia me alimentar. Ela não quis saber, disse não estar preocupada com meu bem-estar, mas sim com a minha recuperação, eu a entendia, mas chorei, e chorei, até que ela cedeu e chamou o meu médico e tudo se resolveu. O meu anjo da UTI, eu jamais me esquecerei.

Capítulo VI – Brasília

Sempre entendi que o trabalho árduo é desafiador, porém crucial para alcançar o sucesso. Trabalhar com inteligência é fundamental, mas, para mim, ambos são igualmente essenciais. Foi com essa mentalidade que encarei um novo desafio e me mudei para Brasília em 2006, começando do zero uma nova jornada que me levaria à posição de gerente de Contas.

Os primeiros tempos foram difíceis, pois não possuía uma carteira de clientes e nossa rede de fibra era bem limitada, contudo, a perseverança é chave para o sucesso. Investi em uma forte prospecção, visitando potenciais clientes e apresentando nossa empresa. No começo, as vendas eram escassas e as reuniões eram numerosas, pois eu precisava promover uma empresa pouco conhecida em Brasília na época, apesar de oferecer serviços de ótima qualidade.

Após quase dois anos, consegui estabelecer uma carteira de clientes robusta. Contudo, o ápice ainda estava por vir. Com o apoio de amigos e colegas de trabalho, minha dedicação e bênçãos do céu, fechei um grande contrato com um cliente muito importante! Acredito firmemente na adição, que juntos podemos fazer mais e melhor. Acredito no poder das parcerias e da colaboração!

Essa conquista foi apenas o começo. Tive o privilégio de atender esse cliente por uma década e sou imensamente grata por este privilégio. O retorno do meu trabalho árduo foi o sucesso. Ganhei prêmios como a melhor "Gerente de Contas Nacional" por vários anos consecutivos, ganhando diversos prêmios incríveis. Isso não tem preço.

O amor pelo trabalho impulsiona a busca pela excelência, refletindo em um desempenho que supera expectativas e abre portas para o sucesso. Trabalhe com excelência, dedique-se com amor às suas tarefas diárias e abra as portas que antes pareciam fechadas em seu futuro. A vida nem sempre é justa, mas só você pode lutar para mudar o que o aflige. Por mais desafiador que possa parecer, não desista de si mesmo.

Capítulo VII – Final – Meu momento atual

Etarismo? Não mesmo

Completei 60 anos com um sentimento misto de inquietação e empolgação. Estou adentrando uma nova década da minha vida e ainda me sinto muito jovem. O tempo cronológico indica que tenho 60 anos, mas meu estado de espírito me diz que ainda tenho 30... rsrs. Possuo uma energia abundante, sou curiosa, questionadora, sonhadora e inquieta, e carrego um forte desejo de concretizar meus objetivos e aspirações.

Quando reflito sobre tudo que vivenciei, tudo que aprendi e todas as dificuldades que superei para chegar até aqui, sinto uma imensa gratidão por nunca ter desistido.

Envelhecer não é uma tarefa simples, especialmente em uma sociedade que superestima tanto a juventude. E justo agora, após ter vencido tantas batalhas, é que preciso ser forte mais uma vez. Tenho sonhos e desejos que só eu posso realizar. Acredito que este é o meu momento e não permitirei que o preconceito me impeça. Sou uma mulher empoderada e resiliente, capaz de transformar este grande desafio, talvez um dos maiores da minha vida, em uma oportunidade única!

Por fim, estou encarando esta nova fase com a mesma determinação com que enfrentei todos os desafios em minha vida. Com força, energia, foco, determinação... resiliência! Certamente, cometerei erros, mas abordarei cada um deles com disciplina e humildade. Estou ciente de que, daqui a 20 anos, terei a alegria e a satisfação de constatar que, apesar dos obstáculos relacionados à idade, consegui alcançar todos os meus sonhos e aspirações! E eu sei que você também pode!

Deus abençoe o rolê

Emilly Guter

Coordenadora de Projetos CORE na Claro Brasil com mais de dez anos de experiência em Tecnologia e Desenvolvimento, sendo cinco deles no setor de Telecom. Certificada em **Software Product Management** pela **Universidade de Alberta**, é especializada em estruturação e gestão de projetos de TI, liderando equipes multifuncionais e aplicando métodos ágeis que alavancam os resultados dos canais de venda. Foi responsável pela implementação de inovações com impacto positivo e exponencial no mercado de telecom. Atualmente, exerce o papel de *squad leader*, gerindo a parte de *upstream* de projetos digitais na Claro. Participou do programa social **"Tamo Junto"**, orientando jovens sobre trajetória profissional e planejamento de vida.

LINKEDIN

Cohab 5: cenário de infância, palco de histórias

Eu cresci em Carapicuíba (SP), na Cohab 5 – a mais legal, eu diria. Éramos quatro: eu, minha mãe, minha avó e meu tio. Vovó trabalhava como vendedora de loja de calçados, assim como minha mãe. Muito humildes, nos contentávamos com pouco. Tenho memória afetiva com sonho de padaria até hoje, já que, sempre que sobrava um dinheirinho no fim do mês, minha avó me levava um. Eu devorava aquilo como se não houvesse amanhã – os tempos mudaram, e, quando se trata de sonho, o amanhã segue não existindo.

Lembro-me das vezes em que brincava de esconde-esconde na laje e ouvia vovó gritar: "Filha, o carro do sorvete tá aí! Achei 25 centavos, corre lá e pega uma bola de sorvete pra você". Ela me entregava a moeda e um pote vazio de Qualy para colocar o sorvete. Não era sempre, mas era incrível quando acontecia. Hoje em dia, a nostalgia me consome quando passo por lá. Minha mãe costuma dizer que eu saí da Cohab, mas a Cohab não saiu de mim. Talvez ela tenha razão, e que bom! Gosto de me lembrar com certa frequência, ver de onde saí, me orgulhar de onde cheguei e vislumbrar aonde ainda quero estar.

Minha mãe me teve cedo: engravidou com 15 anos e eu nasci quando ela tinha 16. Para minha mãe, sair da Cohab foi um grande alívio. A mulher sempre sonhou grande! Vendedora de sapatos em uma loja no largo de Osasco, Fabiana detestava vender – paradoxo, não!? Queria mais! A vida definitivamente não podia ser só aquilo! Até que um amigo se ofereceu para pagar um curso de TI para ela e lá foi desbravar esse mundão de meu Deus em busca de uma vida melhor para nós. Eu fiquei morando com a famigerada "vovó", já que minha mãe estudava e trabalhava. Ela foi programadora de Cobol, analista de sistemas, gerente de projetos... Muitas implantações, incontáveis plantões, inúmeros projetos e tudo que teve direito.

Sempre vi minha mãe tão dona de si, trabalhando e sabendo o que fazia, uma das poucas mulheres em meio a tantos homens. Meus olhos brilhavam sempre que a acompanhava em sua versão corporativa. Ela sempre se destacou, tocou projetos internacionais no Panamá e Chile e também levou meu tio para esse mundo, como fizeram com ela, e ele foi rapidamente notado pela inteligência e excelência. Nossa autocrítica sempre foi alta, porque vovó era bastante exigente. Ela nos ensinou a entregar mais do que solicitado, mas sem envaidecer, independentemente da mesa em que estivéssemos. Vovó é um poço de bondade e sensatez; acredito que todos nós nos inspiramos nela. Recordo-me de uma vez pedir para ir trabalhar com a minha mãe e a resposta era que não podia, que o diretor não deixaria. Quando ela entrou no banho, liguei para o diretor, perguntando se eu poderia ir. Ao sair do banho, dei a notícia de que já tinha resolvido tudo e ia trabalhar com ela – já era voltada para soluções desde cedo! Fui recebida com língua de gato da Kopenhagen e muitas risadas pela minha ousadia.

Mesmo tendo tudo para mergulhar na TI, não me rendi de imediato. Antes disso, fui bailarina – daquelas profissionais mesmo. Estudava o dia todo e fazia aulas de dança das 16h às 22h. Tive inúmeras oportunidades e experiências. Dancei em programas de TV, fui *cheerleader* do Brasil em mundiais e do Corinthians, dancei na abertura da Copa no Brasil em 2014 e, não menos importante, fui Campeã Mundial de Dança, com um ouro e dois bronzes na Dance World Cup no Canadá, Montreal. A mona não é fraca, mores! Fui muito feliz dançando, mas sabemos que, infelizmente, a arte no Brasil não tem um futuro promissor, e eu, como qualquer jovem, estava decidida a seguir a carreira de bailarina, e nada tirava isso da minha cabeça.

Florecendo em meio às rochas: transformando a dor em força

Certo dia, após minhas aulas de dança, fui ver um filme com o pessoal da academia, mas precisei voltar mais cedo, já que a casa onde eu estava era uma grande ladeira de distância da minha; eu fui a pé, sozinha e, como diz Ellen Oléria em uma de suas músicas, "*Anoiteceu, sozinha cê não tá segura*". E lá estava eu em uma avenida que subi e desci a vida toda quando um indivíduo me abordou pedindo uma informação e eu, de calça bailarina, um moletonzão comprido, coque e capuz, parei para falar com o moço – aparentemente – perdido, então ele agradeceu e seguiu seu caminho até apenas uma parte da avenida e logo estacionou. Eu avistei o carro parado e imediatamente a minha intuição – ou Deus – gritou: "Olha a placa!". Olhei, mas não vi. Após passar pelo carro e ser imediatamente abordada com um canivete, entrei, morrendo de medo, e o que até então parecia um assalto evoluiu para um sequestro relâmpago. Ele rodou até que achou um lugar para parar. O local escolhido era quase em frente a uma delegacia. Ali eu me toquei do que estava por vir e daí pra frente foi só pra trás. Após o estupro – tão pesado e complexo quanto a leitura da palavra, ele fez questão de me deixar perto de casa, me dar uma bronca por estar sozinha na rua, visto que eu era "muito bonita", e devolver meu celular.

Quando me dei conta do que tinha acabado de acontecer, eu desabei, chorei igual criança enquanto atravessava o portão do condomínio onde morava e, quando cheguei em casa, contei como pude: "EU FUI ABUSADA!", debulhada em lágrimas. Com toda certeza, minha mãe nunca precisou ser tão forte como quando ouviu essa frase. No dia seguinte fomos até o Hospital Perola Byington, referência em saúde da mulher no SUS, para que eu fizesse o tratamento pós-exposição e, após passar com o médico, fui direcionada para a sala de medicação, onde havia outras mulheres. As cadeiras estavam posicionadas em meia-lua e eu estava sozinha e apavorada, visto que acompanhantes não eram permitidos. Ao meu lado se sentava uma moça com um lenço na cabeça, certamente seus cabelos haviam sido acometidos pela quimio para tratar um câncer de mama. Naquela hora me vi pequenininha, "reclamando de barriga cheia". Quando a técnica de enfermagem veio colocar a medicação, me lembro dessa moça segurar forte a minha mão e falar para eu repetir com ela a seguinte frase: "EU SOU LINDA COMO UMA FLOR!". Ela tinha um rosto angelical, uma força absurda e um acolhimento transcendental. Ela tinha bondade nos olhos. Você já foi abraçado só com um olhar? Daqueles que você quer ficar ali só por mais um momento? Eu já! E foi ali que eu posso dizer que vi Deus mostrando que nem por um minuto Ele soltou a minha mão.

    Após esse episódio, minha mãe contou ao diretor o que havia acontecido – sim, o mesmo que me recebeu com língua de gato, olha o *networking* aí. Ele me convidou para um estágio na consultoria, onde começou minha jornada em projetos. Decidida a seguir os passos da minha mãe e meu tio, iniciei um estágio em Cobol, mas não estava feliz. Resolvi, então, cursar Biomedicina, uma área pela qual era apaixonada. Fiz até uma tatuagem em homenagem a Mendel, pai da genética, com a letra da minha professora de Biologia! Durante a faculdade, aos 18 anos, consegui um emprego como escriturária em um hospital, onde trabalhei por cinco anos, afinal eu queria minha independência financeira de qualquer jeito. Ali, aprendi muito, especialmente sobre inteligência emocional e priorização – afinal, lidava com pacientes, médicos, exames e uma infinidade de procedimentos simultâneos, uma loucura total! Foi uma grande escola, e sou extremamente grata por toda a bagagem que adquiri.

Aos 20 anos, engravidei e fui apresentada ao paradoxo mais incrível da vida: a maternidade, e conheci o grande amor da minha vida, meu filho Gael – o "molequin". A virada de chave se deu quando Gael fez dois anos. Eu trabalhava numa escala 5x2 e, cansada, comentei com a minha mãe sobre o desejo de colocar o Gael em uma ótima escola, que pertencia ao grupo que geria o hospital. Me senti a mãe mais incrível por estar me sacrificando tanto em prol do futuro do meu filho. Mas minha mãe, direta e reta, disse: "Muito me surpreende você, uma mulher tão inteligente, ter um pensamento tão medíocre como esse". Minha cara foi no chão, mas uma coisa era certa: eu podia muito mais! Ela me arrumou um café com um gerente da consultoria onde eu havia estagiado e foi aí que comecei minha aventura corporativa.

Onde viam pedras, enxerguei degraus

Comecei de novo como programadora, relembrei e me aprofundei na lógica de programação. Logo fui para outro projeto em outra posição, dessa vez *tester*. Ali, já me sentia mais confortável, já que entendia tanto do negócio quanto o dono do produto, e aprendi a olhar e pensar com cabeça de usuário, que convenhamos, é peculiar. Me aprofundei tanto que, ao fim deste projeto, fui convidada a trabalhar também como dona do produto. Minha "mentora" tinha de carreira mais do que eu de idade e isso foi simplesmente incrível! Eu me inspirei muito nela, boa parte do que sei hoje sobre projetos veio dela. Me mostrou como escrever boas documentações, como tocar reuniões de planejamento e ter um bom relacionamento com o cliente, como entender fluxos do início ao fim, mesmo que eu fosse atuar só em uma parte dele, dentre outras coisas que carrego comigo até hoje.

Assim que a pandemia se instalou, fui surpreendida com um convite para trabalhar com projetos numa *startup*, mas dessa vez em um segmento curioso: Telecomunicação. Eu nunca tinha nem ouvido falar sobre Telecom, não sabia como funcionava e, para ajudar, meu par tinha vindo da Claro e dominava o negócio como ninguém, ou seja, eu precisava me esforçar e correr para ser tão boa ou melhor que ele. E ele me treinou e me ajudou a ser parte do que sou hoje. Juntos, crescemos e evoluímos. Foi paixão à primeira vista e mal sabia eu que seria possível me apaixonar ainda mais pelo meu trabalho. Aos poucos, dominei as regras de negócio, vi funcionalidades nascerem, e era incrível ir até lojas do varejo e ver meu "filho" ali em uso; melhor ainda era ouvir os *feedbacks* e necessidades de quem tinha propriedade para falar: o vendedor.

Naquela empresa, aprendi sobre resiliência, sobre o quanto detalhes importam, cresci e floresci! Ri, chorei, tive raiva, entreguei, entreguei MUITO, errei pra caramba, em dado momento, senti que fracassei. Porém, fazendo um catadão, se o hospital foi a minha escola, a *startup* foi minha residência. Eu vivi aquilo com afinco, aprendi muito com muita gente, desde o atendente do chat até o CEO. Lá, fui gestora raiz, aprendendo com meus erros e com os *feedbacks* das pessoas que eu geria. Felizmente, sempre fui voltada para pessoas, sabia que sem elas nenhum resultado seria possível, então sempre tive muito forte a vontade de ter pessoas satisfeitas no meu time. Já dizia Carolli: "Se você não consegue fazer uma retrospectiva, então faça duas". E eu fazia questão de parar um tempo para sempre olharmos pontos de melhoria, seja da empresa, do time ou promover uma autorreflexão. Nós passamos de não conseguir planejar um dia para quatro semanas planejadas com sucesso e paz no coração de todos. Fui promovida, virei *head* da área de projetos e, algum tempo depois, incorporei também a área de sustentação, por já saber como resolver a maioria dos problemas que apareciam.

Alguns meses depois, me vi esgotada, me desconheci. Eu estava cometendo o grande erro de ficar no operacional e na gestão ao mesmo tempo. Alguém avisa que é humanamente impossível? Aprendi da pior forma. Começamos com as discussões de reestruturar o sistema e, além disso, lançar o formato on-line, direto para o consumidor final. Dada a importância, assumi esse projeto e lembra que, em dado momento, senti que fracassei? Pois bem. Eu não fiz o básico bem-feito. Não mapeei todos os fluxos, não vi o início e o fim, muito menos o meio, fiz o que dava, o meu melhor nas condições que eu tinha, mas foi uma tragédia anunciada. Meu mapeamento foi malfeito, logo, o desenvolvimento saiu torto e isso acarretou uma frustração geral, além da extrema insatisfação da minha equipe com a minha – falta de – gestão, e uma sobrecarga emocional absurda. Mais alguns meses nessa grande loucura e, sem conseguir sair da inércia em que eu mesma tinha me colocado, me desliguei da empresa sem nada em vista. Era novembro, tirei uns dias para mim e, quando eu menos esperei, dia 27 de dezembro, recebi uma ligação com a pergunta: "VOCÊ ACEITA SE CASAR COM A CLARO?" – juro que foi assim que recebi a proposta!

Quando entrei na Claro, me deparei com um desafio gigante: estruturar a área de projetos, estabelecer processos e ser "Relações Públicas" do AutoAtendimento para as demais diretorias. A maior dor do time era que as equipes não o procurava para ajudar na estruturação de projetos, então a demanda era baixa e, com isso, vinha a falta de reconhecimento e visibilidade. Um ano depois, tínhamos um processo que conectava várias áreas, criando uma sinergia, volume altíssimo de demandas, sendo referência para abertura de projetos para o Digital e, de quebra, sendo reconhecidos.

Livre, Leve e Dona do meu futuro

Eu sempre fui espontânea, gosto de manter as coisas leves e divertidas. É fácil estar bem quando tudo está tranquilo, mas o verdadeiro desafio é manter a calma quando tudo está uma bagunça. Trabalho para ajudar as pessoas a lidarem com a pressão de forma leve e a se tornarem melhores. Sou expansiva, simpática e irreverente, mas, quando era mais nova, meu comportamento era visto como um ponto de atenção. Nunca me encaixei na caixinha do mundo corporativo, então decidi moldar do meu jeito, para mim e para todas as mulheres que não se encaixam nesses padrões.

Acredito de verdade que as mulheres são o futuro. Temos um olhar mais detalhista e uma capacidade incrível de lidar com várias coisas ao mesmo tempo. O segredo para estar aonde estou hoje é a combinação de técnica e jogo de cintura, porque, no fim das contas, estamos lidando com pessoas. Não importa o cargo ou o poder aquisitivo – são pessoas. Saber lidar com elas é essencial em qualquer lugar. E claro, a comunicação é a alma do negócio. Sem ela, não vamos a lugar nenhum e criamos problemas que nem existiam!

Nenhuma mulher deve perder sua essência ou o direito de dar sua opinião. É sempre bom ponderar, mas, com estratégia e jeitinho, conquistamos lugares cada vez mais altos. Todos falam sobre estratégia, mas será que realmente entendem o que isso significa? Estratégia é basicamente um plano, como montar um quebra-cabeça. Se quer ver o todo, comece pelas bordas; se quer ver a imagem tomar forma, vá encaixando as peças. Um bom plano de vida combina três pilares: ESTRATÉGIA, DISCIPLINA e CONSISTÊNCIA.

Nem tudo vai dar certo sempre, e ninguém consegue fazer tudo. Então trace sua estratégia, siga o plano sem se distrair e seja consistente. Eu faço metas anuais e, para minha surpresa, acabo cumprindo boa parte delas. Estratégia é o mapa, consistência é a caminhada e disciplina é o que o mantém firme, mesmo quando a vontade de parar bate forte.

E, claro, nada disso funcionaria sem Deus à frente de tudo. Sou grata a Ele o tempo todo.

No fim das contas, a gente pode tanto quanto quiser, basta querer!

Transformando desafios em vitórias e sonhos em metas

Fabiana Falcone

Executiva e empreendedora com mais de 20 anos de experiência nos mercados de Computação em Nuvem, TI e Telecomunicações. Sua carreira é marcada por liderar transformações empresariais e desenvolver ambientes que promovem a diversidade e a segurança emocional como alavancas de crescimento exponencial.

Atuou como executiva em multinacionais de TI, foi sócia da Ustore, uma *scale-up* brasileira adquirida pelo Grupo Claro. Em sua recente posição como diretora executiva de Desenvolvimento Comercial de Negócios Cloud na Embratel liderou a expansão e crescimento da empresa no mercado de computação em nuvem.

Formada em Engenharia Elétrica de Telecomunicações e especialização em empreendedorismo na PUC-RJ, MBA em Gestão de Negócios pelo IBMEC-RJ e especialização em Governança Corporativa pelo IBGC.

LINKEDIN

"Todos os dias ao acordar, temos uma folha em branco para escrever nossa história, e somente nós temos o poder de preenchê-la. A magia disso tudo? Todos os dias você tem uma oportunidade de mudar na direção que deseja."

Enquanto escrevo a abertura deste capítulo, estamos em um voo para Porto Seguro, a caminho do IT Forum. Maria Clara, minha filha de 13 anos, nos acompanha no evento pela segunda vez. Por quê? Acredito que seu repertório e formação vêm dos exemplos e experiências que vive, dos ambientes que frequenta e das pessoas com quem interage.

Cresci em uma realidade diferente do eixo Rio-São Paulo. Minha mãe engravidou muito jovem e meu pai era recém-formado, o que nos colocava em uma condição econômica e social bastante diferente da minha realidade de hoje.

Sou pernambucana, de uma família de três irmãs criadas para serem independentes. E foi isso que todas nós fizemos. Viemos de uma linhagem de mulheres que sempre lideraram e nos trouxeram até aqui. Essa rede de apoio emocional e o ambiente propício possibilitaram que eu perseguisse meu sonho de menina: ser uma mulher de negócios.

E no "meu" livro, que comecei a escrever há 42 anos, sou

a protagonista! Aprecio mudanças e vivo a vida em ciclos, que chamo de "Atos", assim como no teatro!

Ato 1: A Piscina

Era 1990, e morávamos em um bairro não muito nobre em Olinda. Nossa rua não era asfaltada e não tínhamos esgoto encanado. Para aquela criança, nada disso importava, apenas a magia da varanda gradeada do 2º andar, onde eu me sentia em uma torre, espiando a piscina reluzente do vizinho.

Nessa casa que eu admirava, havia também uma goiabeira. Seus galhos se estendiam até nossa varanda, e eu e minhas irmãs compartilhávamos as goiabas e sonhávamos. No pano de fundo das tardes estava a matemática, uma paixão precoce. Enquanto comia goiaba e brincava com números, a piscina se tornava um símbolo do que eu almejava alcançar.

Minha jovem mãe desempenhava um papel fundamental, criando três filhas com amor e orientação, sempre enfatizando a importância dos estudos. Ela dizia: 'Você nasceu para ser uma mulher independente', uma frase que moldou minha determinação.

Eu estudei quase toda a infância em uma escola pequena em Olinda, em um ambiente muito acolhedor onde aprendi muito. Lá também estudavam algumas de nossas primas. Na nossa família, pelo lado do meu pai, são seis irmãos homens e somos 13 primos, sendo nove mulheres. Nossa infância rodeada de meninas estudiosas e dedicadas foi muito prazerosa e gostávamos de nos chamar de "As Falconetes". Eu particularmente tinha uma prima, Beta, da minha idade, e percorremos toda a infância na mesma turma. Tenho certeza de que esse apoio emocional que tínhamos uma na outra nos fez muito fortes. Foi nesse cenário que formei minha base acadêmica e meus valores pessoais. Costumo dizer que você pode estar na melhor escola do mundo, se o ambiente não for emocionalmente saudável, sua base de formação estará muito comprometida.

Ato 2: Descobertas

Eu amava estar no colégio. Aos oito anos, entre aulas de matemática, recreios jogando *espiriball* ou bolinha de gude, o basquete entrou na minha vida para consolidar a construção da minha personalidade. Naquele ano, passei a frequentar os treinos de basquete e ali eu tive o primeiro exemplo de liderança através do nosso técnico, Olinto.

Eu era apaixonada por estar com o time. Essa paixão me levou ao esporte além do colégio para a equipe do Clube Náutico, onde me tornei atleta federada. A conquista foi motivo de muito orgulho para mim, pois o clube sempre uniu nossa família. Os nossos almoços de domingo na casa da minha avó eram quase sempre finalizados com uma carreata familiar para assistir ao Náutico jogar no estádio. Desfilar como atleta, com a camisa vermelha e branca, trazia um prazer indescritível, pois, no exemplo que eu tinha, vestir essa camisa parecia ser um privilégio reservado apenas aos homens, quando os via jogando futebol aos domingos.

Naquela época eu nem imaginava, mas o esporte não era apenas uma atividade física; eu estava aprendendo sobre superação e resiliência. Cada derrota era uma oportunidade de crescimento pessoal. Esses obstáculos desenvolveram em mim um aspecto fundamental na minha formação: a importância do planejamento estratégico, para antecipar movimentos, entender as forças da equipe adversária e executar planos eficazes. Essa mentalidade que adquiri nas quadras foi uma preparação valiosa para os desafios futuros em minha carreira profissional. Além disso, o esporte promoveu uma compreensão profunda da diversidade e da valorização das habilidades individuais. Cada jogador contribuía de maneira única para o sucesso do time, e aprender a reconhecer, admirar e potencializar essas diferenças foi uma lição crucial que permeou minha vida profissional, especialmente ao liderar equipes diversas.

E foi no meio desse período, por volta dos meus 13 anos, que a internet dava seus primeiros passos no Brasil, e meu pai, imerso nesse mundo emergente, me apresentou ao universo que ele tanto amava. Da escola, para as quadras, para o computador, sem que eu soubesse, minha veia empreendedora dava as caras e me deixava inquieta.

O barulho do *modem* da internet discada abriu novas possibilidades. Fiz amigos na cidade, fora dela, em outros países. Sou da época que esperava a madrugada para usufruir da cobrança de um pulso das operadoras de telefonia. Nas madrugadas, nas salas de bate-papo, aprendi linguagem computacional, especialmente HTML, e comecei a criar *websites*, expandindo meus horizontes.

Ato 3: A folha em branco

Eu andava feliz da vida e vivia uma adolescência sem percalços. No entanto, o ano era 1998 e a situação econômica no Nordeste não estava fácil. E, diante das dificuldades do mercado local, meu pai decidiu que a melhor opção para a nossa família seria nos mudarmos para o Rio de Janeiro.

Eu estava no segundo ano do ginásio. Seguia estudando firme, colecionava boas notas, medalhas do basquete e muitos amigos. Foi nesse ano que, pela primeira vez, enfrentei a tal "folha em branco", e deu medo. Muito medo.

Voei de avião pela primeira vez e minha jornada seguiu para o Rio de Janeiro. Chorávamos como se estivéssemos indo para um velório, pois muitas incertezas surgiam e deixávamos para trás os amigos, a escola e a vida que conhecíamos.

Chegamos em uma cidade vibrante e cheia de oportunidades, mas também desconhecida e intimidadora. O primeiro dia de aula se aproximava, e eu estava muito tensa. Iríamos estudar em uma típica escola da Zona Sul carioca. Será que me aceitariam com meu sotaque pernambucano?

Tive a grande sorte de ser recepcionada pela Paula, uma carioca típica do Leblon, estudante exemplar que estava sonhando em ser médica. Entrei na sala e ela disse empolgada: "Senta aqui do meu lado". Éramos muito diferentes e ao mesmo tempo muito iguais; sonhávamos com nossas carreiras, estudávamos e gostávamos de estar rodeadas de amigos. Com a ajuda dela adaptei-me ao novo colégio e, aos poucos, fui me encontrando novamente. A Paula era das disciplinas de saúde, e eu das de exatas, mas vivíamos um desafio comum: o vestibular.

Durante esse período, o Brasil passava por grandes transformações com as privatizações no setor de telecomunicações. E era neste cenário que eu me preparava para fazer o vestibular de Engenharia. Meu pai trazia para casa semanalmente a revista Você S.A. para me ajudar a entender os setores de TI e Telecom. Apesar da minha paixão pela internet na época e meus trabalhos paralelos desenvolvendo *websites*, a leitura semanal acendeu em mim uma curiosidade e uma vontade de entender mais sobre como as telecomunicações poderiam transformar vidas. Eu estava convencida que deveria investir meu futuro nesse mercado, um campo em expansão e que prometia muitas oportunidades.

Quando passei no vestibular, a sensação de conquista foi indescritível. Mas tinha um grande desafio nisso tudo, a Você S.A. listava a PUC-Rio como melhor faculdade de telecomunicações do Brasil. E quisera o destino que eu morasse no Rio, como eu não iria querer o melhor? O desafio? A PUC-Rio era "impagável" dentro das nossas condições financeiras.

E essa história, por si só, daria um livro, mas, enfim, eu cursei a PUC-Rio, pois conquistei uma bolsa de 100% por desempenho acadêmico, fiz eletivas no curso de empreendedorismo, ganhei uma bolsa de estudos na Espanha, fui monitora, dei aula, comprei meu primeiro carro. Vivi cada ano da universidade com a mesma paixão e determinação que sempre marcaram minha trajetória. Cada aula, cada projeto, cada escolha acadêmica foram moldando meu caminho. Conhecimentos esses que se tornariam essenciais e necessários para enfrentar os desafios da minha carreira e me aproximar do meu objetivo: ser uma mulher de destaque no setor de telecomunicações.

Ato 4: Eu cresci

A jornada final da faculdade se aproximava, eu havia voltado do meu intercâmbio na Espanha e me sentia uma nova mulher. Ao chegar, me deparei com uma notícia: meu pai mudaria para uma nova oportunidade profissional, em São Paulo. E agora? Estava na faculdade e ganhava meu dinheiro dando aulas. "Você fica e vamos te apoiar", disseram meus pais. Algo que acredito ser inimaginável para eles alguns anos antes.

Minha entrada no mercado de trabalho foi marcada por desafios financeiros. Minha renda como professora particular permitia morar sozinha no Rio, mas eu precisava dar um passo atrás e fazer sacrifícios financeiros para estagiar, olhando para o longo prazo e na busca dos meus sonhos.

E foi assim que iniciei minha jornada como estagiária, na área comercial de uma empresa americana, que me abriu portas para atuar nas multinacionais. Meu primeiro ciclo de carreira foi em multinacionais fabricantes de tecnologias, e trabalhar em empresas globais me proporcionou uma visão ampla do setor. Nesse período, encontrei minha vocação na área de vendas, descobrindo que tinha um talento natural para negociar e fechar negócios.

Ao longo da carreira nas multinacionais, enfrentei, sem perceber, todas as barreiras de ser mulher no setor. Não sei se por ingenuidade ou por foco excessivo, os desafios de gênero não me paravam. Hoje, enxergo as fronteiras que venci e o papel importante que tenho como exemplo para as demais mulheres.

Foi nessa época que, ao passo que construía minha carreira, realizei um dos meus maiores sonhos: ser mãe. A chegada da Maria Clara transformou minha vida. Encontrei um novo sentido em cada dia, e a responsabilidade de ser um exemplo me motiva ainda mais a buscar excelência em tudo que eu faço. Se foi difícil ser executiva e mãe? É, todos os dias! E minha carreira nesse período da gravidez? Ela sobreviveu! Porque fui uma supermulher? Não! A multinacional na qual eu trabalhava na época me desligou alguns meses depois do meu retorno, com metas batidas. Mas fui "resgatada" no mesmo dia por uma ex-chefe que me contratou imediatamente por conhecer meu potencial na época. Obrigada, Valéria! Foi assim que eu nunca parei.

De fato, conciliar a maternidade com a carreira não foi fácil. Muitas noites sem dormir, equilibrando os projetos e as demandas de uma criança pequena, me ensinaram o verdadeiro significado da resiliência e da organização. Maria Clara cresceu convivendo com essa realidade, o que vem moldando a personalidade dela para que, através do exemplo, também possa conquistar seu espaço e sua independência ao longo da vida. A maternidade, no meu caso, nunca foi um motivo para parar ou desacelerar; pelo contrário, sempre foi parte do quebra-cabeça que me moldou como profissional e mulher.

Ato 5: Empreendendo

Durante minha carreira como executiva de vendas, em fevereiro de 2014, aterrissei em Recife para uma visita de negócios, reunindo-me com clientes locais e conhecendo o ecossistema do Porto Digital. Essa viagem despertou um monstro empreendedor em mim.

Voltei para casa e só conseguia pensar: "Por que não valorizamos o capital intelectual nacional? E se eu colocar meu conhecimento para ajudar as empresas nacionais?" Mas confesso que a estabilidade que a carteira assinada me trazia me deixava inerte. No entanto, nunca mais fui a mesma depois daquele dia; passava o tempo pensando o que eu poderia fazer para conectar essas empresas e o mercado. E, a cada mês que passava, meu desejo de empreender aumentava.

O fato é que decidi deixar a segurança da CLT. Junto com Nelson e Rodrigo segui uma longa jornada de empreendedorismo na Ustore, me tornando sócia desta *startup* pernambucana.

Lançar-me no empreendedorismo foi uma das decisões mais desafiadoras e gratificantes da minha vida. Cada dia trouxe novas lições, da administração à gestão da equipe e ao desafio de investimento para *startups* no Brasil. Os desafios pessoais também foram grandes: meu primeiro casamento não sobreviveu, e minhas finanças quebraram.

As pessoas me perguntam se eu não tinha medo, se conseguia dormir, etc. Mas a verdade é que sempre confiei que com a visão que tínhamos, foco, trabalho duro e coragem, iríamos longe. Pessoalmente, eu sempre garantia que meu máximo estava na mesa e que eu fosse comprometida com minhas promessas e desafios. O que eu queria, no fundo? Provar que empresas brasileiras, com capital intelectual nacional, poderiam gerar disrupções estratégicas e impactar os negócios de grandes corporações.

A jornada da Ustore durou sete anos, e durante ela não só escrevi novas páginas em branco, como também me reinventei. Foi um momento de reconstrução pessoal: mudei para São Paulo; vivi um novo contexto profissional; passamos pela pandemia; casei novamente; mudei de casa algumas vezes. Ufa. Esses sete anos pareceram 20.

E os anos de trabalho culminaram com a venda da Ustore para o Grupo Claro em 2022. Ao final dessa longa jornada, nossa empresa dava orgulho de ver. Conseguimos nos posicionar no mercado como uma empresa brasileira de *software*, lucrativa e classificada pelo GPTW como uma das melhores empresas para se trabalhar. Junto com o sucesso da Ustore consolidei várias conquistas, porém, mais do que isso, foi a realização de um sonho: ver o projeto empreendedor crescer e prosperar, e através dele ter o reconhecimento do meu trabalho pelos resultados entregues, independentemente do gênero, local de nascimento ou idade. As noites sem dormir e os riscos assumidos me presentearam com uma história de liderança e superação, que me preparou para mais um novo Ato da vida.

Ato 6: Liderança Transformadora

Hoje, ao olhar para trás, percebo que aquela menina, estudante de Engenharia de Telecomunicações, hoje é uma executiva empreendedora com a missão de impactar os negócios em que atua, construindo times de alta performance. Estamos passando por uma transformação social e ambiental onde as características do arquétipo feminino precisarão ter protagonismo na sobrevivência das empresas.

A conquista da independência financeira, tão incentivada pela minha mãe na minha infância, não foi apenas uma superação econômico-social na minha história, ela me permite liderar de uma maneira que valoriza cada indivíduo, reconhecendo suas contribuições únicas e incentivando seu desenvolvimento. Acredito firmemente que através de um ambiente de trabalho colaborativo, emocionalmente seguro e diverso podemos criar locais de crescimento exponencial. Cada membro da equipe é como um jogador na quadra, contribuindo com suas habilidades únicas para alcançarmos nossos objetivos comuns.

Na minha opinião, o verdadeiro sucesso de um líder deve ser medido pela capacidade de inspirar e capacitar os outros a alcançarem seu pleno potencial. O líder do futuro não é aquele que tem boas ideias e sim aquele que gera um ambiente saudável para que as melhores ideias aflorem com a contribuição de experiências diversas.

Eu espero que o breve resumo da minha jornada que vocês leem aqui não seja uma história que inspira apenas pelos sucessos de carreira, mas que consigam perceber a importância da busca pelo aprendizado contínuo. Que consigam sentir nas minhas palavras o comprometimento e lealdade ao meu propósito e às pessoas que fazem parte do meu círculo profissional e pessoal.

A varanda do apartamento de Olinda ficou no passado, mas a lembrança me faz perceber o poder dos sonhos de infância. Compartilhar essa lição é o que me motiva a seguir adiante, não apenas como uma líder, mas como alguém que acredita no poder transformador das jornadas pessoais e do aprendizado contínuo.

Chego ao final do Ato 6, olhando da minha varanda para a piscina com que sempre sonhei, e pensando: Qual será o título do meu próximo Ato?

De sonhos a conquistas: uma história inspiradora

Fernanda Paula Morete

Formada em Engenharia Elétrica com ênfase em Telecomunicações, com MBA executivo em Finanças pelo Insper, 28 anos de carreira no setor de telecomunicações, atuando em todos os pilares da área comercial nos segmentos B2B e B2C. Ao longo desses anos contribuiu com a transformação do setor com a construção de planejamento estratégico, desenvolvimento de equipes de alta performance, liderança em processos e integrações pós-fusão, startup de operações, implantação de procedimentos e processos em linha com normas regulatórias. Forte atuação como business developer e relacionamento nas diversas camadas corporativas. E segue nesse caminho de transformação, contribuindo como mentora de estudantes e profissionais que buscam ou estão em transição de carreira. Acredita que nada acontece por acaso. A maturidade junto com toda trajetória percorrida até hoje a fazem buscar de forma incansável os bons momentos que a vida nos traz, apaixonada pelo mundo "ViVi". Vinhos e Viagens.

LINKEDIN

Sonhos de Infância e Valor da Família

E o sonho daquela menina no alto dos seus 14 anos, que sempre confidenciou seus segredos ao diário, torna-se realidade, eis-me aqui registrando através desta obra, literalmente, um capítulo da minha história.

História essa cheia de vida e que traz muitas reflexões, faz reviver muitos momentos felizes, aprendizados, aliás, muitos aprendizados. O que me trouxe até aqui me enche de orgulho por sempre acreditar que ia dar certo; mesmo com medo, a minha opção foi seguir o caminho e ir com medo mesmo. Essa é uma das frases que está presente na minha lista de frases inspiradoras, "está com medo? Vai com medo mesmo".

Muito prazer, eu sou a Fernanda. Também conhecida por Fê, Fer, Fernandinha, Nanda e Fepa120574, como me chama a minha caçula Marcela. Sou filha do "Seu" João e da Dona Fátima, irmã da Flávia e da Fabrine, apesar de não parecer, sou a mais velha das três irmãs (elas que lutem com essa revelação pública agora... risos). Sou casada com Allan, mãe da Natelly e da Marcela, sogra do querido Henrique e "tia" dos meus enteados Enzo e Isabela.

Família para mim é algo muito precioso, são as pessoas com quem eu me preocupo, em que me apoio, que me inspiram, na adolescência minhas amigas ficavam malucas para viajarem sozinhas com as amigas e eu não abria mão de estar com a minha família. Fui criada em um ambiente de muito amor e respeito, com os problemas normais da comunidade família, mas tudo sempre se resolvia com bases sólidas.

Temos o estilo da família muito unida, juntar a turma seja em São Paulo para tomar um café na casa da Vó Conceição, muitas saudades dessa mulher amável, brincalhona e muito sábia, ou passar a tão esperada virada de ano na casa de praia da Tia Bete e do meu saudoso Tio Márcio, era uma galera distribuída entre dois quartos, sala e até a cozinha virava quarto (risos), era uma verdadeira farra.

Todos tinham suas atribuições e tudo funcionava superbem, sem qualquer discussão, fofoca ou desentendimentos de qualquer gênero, sempre foi maravilhoso. Arrastei esse exemplo que eu sempre vivi junto com o Allan, desde que nos conhecemos passamos Natal e Ano Novo com toda a família reunida, nos últimos anos revezamos entre as nossas casas do interior e da praia. Tem uns quartos a mais do que naquela época, mas continua cheia e com gente na sala (risos) a farra é boa demais.

Essas histórias vão passando de geração em geração, hoje vejo minhas sobrinhas amadas esperando ansiosas para a próxima aventura, vejo que estamos juntos criando mais memórias que passam a fazer parte da vida delas também.

Isso foi algo muito importante para mim, vejo refletido nas minhas ações, na minha forma de pensar e agir, espelho do que eu já vivi. Tem muito da educação dos meus pais e também a forma como experimentei essa educação, convivendo de forma saudável em vários ambientes. Nunca ouvi dos meus pais coisas como: "Isso não é para você!" Ou, ainda, "isso não foi bom pra mim, então não será pra você", essa última até hoje quando eu ouço me irrita. Por que limitar o outro baseado na sua vivência? Acho que cabe compartilhar a sua experiência, dependendo do caso, mas não definir o que será. Os filhos precisam experimentar, sentir pra aprenderem e seguirem seus próprios caminhos com as suas decisões e as consequências que elas trazem.

A família pelo lado da minha mãe é predominantemente de mulheres, minha vó uma portuguesa firme e divertidíssima, meu vô Zé um amor, cara de bravo, mas era só de fachada, como se diz. Tiveram seis filhas. Quando meus avós vieram para o Brasil minha mãe tinha três anos e a minha tia Tereza fez um ano em cima do "maire", como falava minha vó.

Minha mãe trabalhou como telefonista quando eu era muito pequena, logo depois ela fez a mudança de jornada, foi cuidar das três filhas e de toda estrutura de um lar e meu pai seguia firme trabalhando numa grande empresa pública de telefonia fixa na época. Agora dá para começar a entender de onde veio a paixão pelo mundo de telecom, acho que sou um dos resultados de quando se diz: "A base vem forte".

Primeiras Aspirações e Paixões Profissionais

Na adolescência eu queria ser médica pediatra, meu mundo girou em torno dessa ideia por muito tempo. Mas depois isso se transformou numa paixão por Odontologia, consumia todo conteúdo a respeito. Estava decidida a seguir essa carreira e prestei vestibular, na época eu dividia meu tempo entre os estudos e aulas de *ballet* em uma escola próxima a minha casa.

Um parêntese aqui, sempre amei dançar, dei aula de lambada, fiz *jazz* e *ballet*, me destacava pela dedicação que tinha para aprender os passos e as coreografias, geralmente tinha uma participação especial nas apresentações no final do ano no teatro, que eram sempre vibrantes e com lotação máxima de público. Foi assim, pelo envolvimento tão intenso com a dança, que de aluna virei professora em uma escola próxima a minha casa. Eram turmas infantis, as aulas eram uma delícia. Um grande prazer ver a alegria dos pequenos bailando, os pais emocionados e agradecidos à "tia do *ballet*".

Muito bom relembrar essa época, era algo que me deixava plenamente feliz e realizada. Voltando para a parte dos estudos, logo saiu o resultado do vestibular para cursar Odontologia em período integral: e agora? Meu pai perguntou se era o que eu realmente queria e colocou à minha frente o que seria a minha nova fase de vida optando por esse caminho. Deixar de fazer e dar aulas de *ballet* e me dedicar 100% à faculdade ou a segunda opção, fazer cursinho e com isso ter melhor visibilidade se era o caminho da Odontologia que iria seguir. Eu fui na segunda opção. Meus pais foram e continuam sendo grandes parceiros, educação rígida, orientação com o melhor que eles puderam fazer para mim e para as minhas irmãs e sempre, sempre colocavam a responsabilidade que tínhamos que assumir com as nossas escolhas. Fiz o cursinho e fui percebendo que não era mesmo por esse caminho que gostaria de seguir.

Prorroguei um pouco essa tomada de decisão, estava grávida da Natelly e, como nada acontece por acaso, Deus prepara, o universo conspira a favor e as coisas acontecem exatamente como tem que ser.

Nesse período eu tinha prestado concurso público para trabalhar na mesma empresa de telefonia que meu pai. Eu passei, porém concurso público saía a classificação, mas demorava muito até chegar a efetiva contratação. Mas eu não tinha pressa, tinha uma bebê para cuidar, e deu muito certo, quando a Ná estava com dois aninhos o processo de contratação foi concluído. A oportunidade era para entrar como atendente de serviço na única loja de atendimento ao público da época, era algo novo, iria atuar na área de telefonia móvel. Meu pai ficou superfeliz e dizia que, se eu tivesse que escolher entre a loja da fixa ou da móvel, que eu escolhesse a móvel, que era a menina dos olhos da companhia. E assim foi.

Desafios e Crescimento na Carreira

Comecei a trabalhar na loja de telefonia celular, era atendente de serviços, estava na linha de frente com o cliente, com isso tinha que estar próxima aos times técnicos e de suporte. Foi assim que entre os reportes de necessidade de cobertura de rede em determinados locais, reclamações de ligações internacionais desconhecidas, o famoso "clone" que surgiu nessa época, eu estava diariamente com as equipes técnicas de redes, era engenharia pura, me apaixonei e decidi fazer Engenheira Elétrica com ênfase em telecomunicações. Muito do que aprendia na faculdade conseguia vivenciar ou aplicar na prática.

A formação me trouxe um entendimento bem amplo desse cenário totalmente técnico, mas, como comentei, eu estava na linha de frente com clientes e era isso que queria continuar fazendo. Eu sempre trabalhei buscando fazer o melhor que eu pudesse, percebia que isso era reconhecido pelos líderes, e principalmente pelos clientes, que voltavam procurando por mim na loja, isso me deixava confiante e então eu buscava pelos próximos passos. Foram várias experiências nessa que era a única loja de atendimento em São Paulo, no bairro nobre do Jardim Europa.

O uniforme era de um tecido sofisticado, a camisa em seda com detalhes em azul marinho combinando com a cor da saia, era muito elegante e bem diferente do mundo em que eu vivia até então. Era o começo da telefonia móvel no Brasil, qualquer coisa que se precisasse só poderia ser resolvida no atendimento presencial. Ou seja, todos clientes que tinham acesso a telefonia celular tinham que ir até a loja, recebíamos pessoas comuns, pessoas desconhecidas, mas com alto poder aquisitivo, celebridades, galãs de novela, jogadores de vôlei, futebol, políticos, empresários e afins. Eu tinha muita habilidade e conseguia navegar bem entre esses distintos perfis de clientes, o que não demorou a ser percebido pela gerente da loja, que logo me colocou para atender os classificados como "Clientes VIP" na senha de atendimento.

São muitas histórias na lembrança e muitas lições aprendidas, afinal de contas era o meu primeiro emprego. Era a abertura de um novo e gigante mundo.

Uma vez atendi um empresário de uma dupla sertaneja famosa que acabou virando um cliente/amigo, resolvi um problema com o celular dele e o da esposa, eles estavam tentando solucionar há semanas. Precisou ir duas vezes até a loja para conseguirmos concluir. A terceira vez que ele apareceu por lá foi inusitado, ele foi para tomar um café e me convidar para conhecer a tal dupla no estúdio de gravação do novo CD, nunca tinha passado pela minha cabeça um dia ter essa oportunidade. Foi muito bacana.

As oportunidades foram surgindo e eu as agarrava com a certeza de que ia dar certo, tinha preocupação com o novo, mas de alguma forma sentia que estava trilhando os passos corretos. O mercado estava crescendo, não comportava mais só uma loja para todos os clientes, precisava segmentar e ainda tinha o segmento dos clientes corporativos/empresas. A gerente da loja foi para a matriz montar uma estrutura para atender os clientes empresariais e me convidou para atuar nessa estrutura como suporte aos vendedores, pois eu conhecia todos os processos e todos os sistemas da empresa. Aceitei o desafio.

A dinâmica tinha um processo para liberação das linhas móveis para as empresas, havia uma limitação por CNPJ e era necessário aprovação dos executivos, e era eu quem tinha de gerar o memorando e levar para a secretária do diretor colocar na pilha de papéis para ele assinar. Eu ficava tensa nas vezes em que tinha de pegar o elevador e ir até o andar do presidente e diretores.

Tínhamos um prazo para cumprir com o cliente, mas como eu, assistente de serviço, ia exigir algo do diretor? Então eu lembrei-me que já fazia isso quando trabalhava na loja, sim, num outro cenário, mas a habilidade de negociar já existia, fui me aventurando nesse novo cenário, colocando em prática as lições aprendidas, errando e acertando, e pouco tempo depois eu fui promovida para gerente de contas. Tinha uma carteira de clientes e seguia me desenvolvendo na arte de negociar. Foram muitas experiências, muitos medos, chorei, pensei em mudar de ramo, mas comprovava o ditado que diz: "depois da tempestade, vem a bonança".

Eram os altos e baixos que fazem parte da vida e, quanto antes conseguimos entender e saber lidar com isso, o benefício é todo nosso.

Eu fui de assistente de serviços a diretora executiva, uma trajetória passando por várias áreas e responsabilidades distintas. Os desafios surgiam em cada um desses degraus que subi, em um deles eu era gerente de vendas de uma equipe de 14 vendedores, todos com mais idade que eu, consequentemente mais tempo no ramo de vendas. Era um desafio diário gerir o time e imprimir o meu ritmo. Recebia olhares desconfiados e questionadores, porém, mesmo que me sentisse intimidada, seguia firme. Eu colocava um tom de voz firme, postura ereta com o peito aberto e os ombros alinhados, usava sempre salto alto, eles eram todos mais altos que eu, então eu usava dessa estratégia para ficar mais alta. Nessa época não tinha a menor noção que era esse o motivo, eu usava até chinelo com salto (risos...), fui mapeando cada um e moldando a forma de gestão para que tivéssemos um modelo de trabalho mais fluido, não é nada simples, mas, com muita resiliência e persistência, eu consegui.

Enfrentando Adversidades Pessoais

Em outro momento dessa trajetória, seguia a rotina alucinante de trabalho e de uma forma inesperada fui diagnosticada com câncer de mama. Sem nenhum histórico familiar que seria um precedente de alerta, vem e é um tipo extremamente invasivo, do diagnóstico à mesa de cirurgia foram 15 dias. Eu estava com 35 anos, sempre trabalhei muito, tinha aquela rotina intensa de conciliar a empresa com duas filhas, sendo uma gravidez no início da carreira e a outra no meio, equilibrar todos os pratinhos e agora de repente me vem um câncer.

Quando recebi o diagnóstico, não entendi bem a gravidade e só balançava a cabeça dizendo que tinha entendido, mas dentro dessa cabeça vinha o pensamento de que era algo simples, como outras mulheres tinham e tal. Eu chorei quando caiu a minha ficha de que era algo realmente sério, dois tipos de câncer e num estágio avançado para uma mulher de 35 anos, chorei, levantei a cabeça e "agarrei esse touro pelo chifre". Outra frase da minha lista, ouvi de um chefe, "agarra o touro pelo chifre e vai, senão ele te atropela".

Foi com esse espírito que eu segui durante os três anos de tratamento do câncer. Fiz a cirurgia que precisou da retirada e reconstrução total da mama, fiz quimioterapia, radioterapia, tomei medicação por um ano, caíram todos os pelos do corpo, fiquei careca, usei peruca e ela tinha nome, era Valquíria, a Val foi minha amiga por um bom tempo.

Eu descobri o câncer quando tinha uma consulta agendada com a minha ginecologista para me indicar um cirurgião plástico, já tinha minhas filhas com 15 e oito anos e queria fazer um procedimento estético para dar aquela elevada na autoestima. Exatamente nesse ano, seria a primeira vez que eu iria tirar dois períodos de férias no mesmo ano, geralmente eu tirava 20 dias em um único período. E em alguns desses dias ainda acabava trabalhando.

A coisa tomou um rumo totalmente diferente, eu nunca tinha tido qualquer complicação relacionada a saúde, só havia sido internada para o parto das minhas filhas. Enfim, como eu sempre digo que nada acontece por acaso, a reflexão para esse momento vem com a frase: "Se você não para pra vida, a vida para você", e eu finalmente tive que parar e sair daquele dia a dia alucinante para mais uma vez ressignificar os pensamentos, visões e todas as coisas.

O que eu aprendi? Eu sempre fui alto-astral, minha família e meus amigos me reconhecem assim, o tratamento é bastante pesado, mas eu nunca tive dúvida da minha cura. Eu continuei sendo a mesma Fernanda, porém ajustei a velocidade e a intensidade das coisas, não deixei de ser comprometida, dedicada, focada, nada disso, mas aprendi a equilibrar melhor todos os papéis desempenhados no dia a dia. Tudo fica melhor se conseguimos ter equilíbrio, não é simples, mas é totalmente possível. Damos importância a coisas que não têm importância, precisamos ajustar e mudar isso. É um exercício diário com a gente mesma, observar nossos pensamentos e ações, avaliar o que isso nos traz de sentimento, se for bom, seguimos, caso contrário, partimos para outra. É um assunto bastante amplo e que faz bem discutir, daria páginas e mais páginas.

Pude ajudar outras mulheres e homens com essa minha vivência e em todas essas trocas lembro como posso superar e lidar com qualquer coisa. Somos sensíveis, mas somos fortes. Eu fiquei um mês afastada do trabalho e voltei uma Fernanda, literalmente, reconstruída, tenho a sensação de que as boas coisas ficaram e tudo isso aconteceu para me libertar das que não eram tão boas.

Isso me fez mais forte e me fez reaprender, dar atenção e cuidar dos detalhes, continuar com a certeza de que tudo vai dar certo, vibrar nessa energia, como eu gosto de falar, e se não sair como eu quero, é porque Deus tem planos muito melhores para mim.

Reflexões e Lições de Vida

Eu conheci muitas pessoas, de vários perfis e uma das coisas mais importantes que me trouxeram até aqui foi nunca deixar de ser eu mesma, não perdi a minha essência ou neguei minhas origens. Não renunciei aos valores que são importantes para mim. Errei, exagerei em algumas coisas, mas o principal é que *eu aprendi*, ressignifiquei visões, percepções, crenças e principalmente fui ao longo desses anos aprendendo cada vez mais a respeitar as diversas opiniões, o princípio básico que me foi ensinado lá em casa.

Sou incansável na busca da minha evolução, gosto de conhecer gente, de conversar sobre vários assuntos, de histórias de vida, de respeitar e ser respeitada e acredito que todos os "nãos" que recebemos, todas as vezes que nos percebemos em cenários desconfortáveis, são os sinais da mudança que precisamos. O comportamento é repetitivo, precisamos mudar o comportamento, porque é por esse caminho que vamos trilhando para chegarmos aonde queremos ser e estar.

Em 2024 eu completei 50 anos, tenho muito orgulho da minha história, hoje trabalho em uma consultoria de tecnologia no setor de telecom que está entre as 10 maiores empresas de TI do mundo, os desafios continuam, porém as experiências nos fazem muito melhores e junto vem a serenidade da maturidade.

E mais uma dica que queria deixar, imagine-se e porte-se mirando aonde você quer chegar e estar, observe a atitude das pessoas que já estão onde você gostaria, inspire-se e coloque em prática com todo o seu jeito de ser, confie, acredite, que a vida vai surpreender você, seja em qualquer ramo, ela vai!

Agradecer sempre e levar a vida com leveza.

Minha História, meu Legado

Gisele Varoli

A grande maioria das pessoas a conhece como Gi ou Gi Varoli, uma abreviação carinhosa do seu nome, uma paulistana de 48 anos com sangue italiano, paranaense e nordestino.

Mãe extremamente apaixonada do João e casada há 24 anos com Renato.

Atua há mais de 18 anos no Mundo das Telecomunicações! Formada em Administração de Empresas e com MBA em Gestão de Negócios na ESPM-SP. Executiva de Negócios com carreira desenvolvida nas áreas de Governança e Vendas do segmento B2B, product Owner e Certificação Internacional em Coaching. Sua vivência foi consolidada no desenvolvimento e gestão de projetos de transformação organizacional, vendas e aumento de eficiência do negócio nos quais trabalhou.

Fazendo um retrocesso da sua carreira, acredita que a construção desta veio do encontro com a sua inquietude de fazer coisas diferentes o tempo todo, afinal, mudar é um dos seus lemas de vida.

E, segundo ela, sem dúvida isso é combinação mágica de genética, personalidade e signo.

Mahatma Gandhi, pacifista e ativista indiano, disse: "As pessoas têm medo das mudanças. Eu tenho medo que as coisas nunca mudem".

LINKEDIN

Nasci e cresci em São Paulo, filha mais velha de uma família pequena: pai, mãe e meu irmão mais novo. Uma típica família de classe média. Meu pai era comprador de empresas de transporte público e minha mãe cuidava de toda a organização, funcionamento do lar e educação dos filhos.

Tive uma infância incrível, cercada de amor, cuidado e ensinamentos. Linkando as lembranças de infância que tenho com o mundo profissional, lembro-me do meu pai saindo para trabalhar cedo e voltando à noite. Meu pai sempre trabalhou muito para que não faltasse nada em casa. Foi um homem extremamente trabalhador, justo, sério e honesto.

Caladão, seu jeito de demonstrar carinho era quando nos levava aos parques para brincar no final de semana.

Tenho algumas lembranças das nossas conversas de quando ele me levava para a escola. Ele dizia: "Filha, quando você começar a trabalhar é preciso observar e recorrer aos mais velhos, ter humildade para aprender e reconhecer que você não sabe fazer tudo e lembre-se: chegue antes e saia depois". Este era o meu pai!

Minha mãe era o centro da casa, tudo acontecia com a orientação dela. Compras, finanças, horários escolares, planejamento de férias, tudo passava por ela, era nossa administradora.

Ela era o coração da casa, a alegria, a disciplina, o carinho e o amor. Extremamente exigente com as nossas notas e com a nossa educação.

Comigo minha mãe tinha uma preocupação extra, me tornar uma mulher forte e independente, para que eu pudesse ter escolhas e conquistas profissionais ainda maiores que as dela e, como ela dizia, sem precisar depender de ninguém.

Assim começa a minha história profissional.

O começo da história profissional

Iniciei minha vida profissional quando tinha 15 anos, como empacotadora de uma loja de presentes. Este trabalho me fez perceber que o mundo era repleto de possibilidades e de aprendizado, era um trabalho temporário e foi a primeira vez que entendi na prática o ensinamento que cresci ouvindo da minha avó Evangelista quando ela dizia: "Estamos nesta vida para 'servir pessoas', e vivendo minha primeira experiência profissional pude comprovar que independentemente do trabalho as Pessoas sempre seriam o elo comum. Me recordo da gerente da loja nos ensinando a fazer os laços de forma simétrica, de separar os papéis de seda e deixar tudo de forma organizada. Hoje entendo que tive duas das minhas primeiras lições profissionais, a primeira é: entregue com qualidade, e a segunda, faça rápido através de um processo estruturado.

Foi o primeiro vislumbre da minha independência financeira! Adorei o trabalho, a energia, as pessoas. O contato com um universo de novas possibilidades me mostrou que este era o caminho que eu queria trilhar.

Depois fui vendedora de loja de roupas em um grande shopping de São Paulo. Lembro que olhava para as mulheres executivas almoçando e pensava: quero ser uma delas! Admirava a altivez, a segurança e o empoderamento dessas mulheres.

Como sempre fui muito precoce, aos 17 anos ingressei na Faculdade de Administração de Empresas. O curso foi o meu passaporte para construir um leque de opções de trabalho com foco no planejamento de carreira.

Aos 18 anos consegui meu primeiro estágio em uma grande instituição bancária e aí foi quando oficialmente a história começou...

Construa sua história

A minha história no ramo bancário durou dez anos, fui de assistente de atendimento a gerente de contas. Nesta época já era responsável pelo atendimento de uma carteira de mais de 2 milhões de reais e usava o tão sonhado *tailleur* e o salto agulha. Estabilizei-me financeiramente, conheci o amor da minha vida, me casei e neste processo de amadurecimento já conseguia entender o que queria e o que não queria para a minha carreira profissional.

Lembra que mencionei no começo do meu texto que era uma pessoa movida a mudanças, pois é, naquela época já havia alcançado um posto gerencial na agência bancária em que trabalhava e não conseguia vislumbrar projetos que me traziam desafios como desejava e isto não estava me deixando feliz.

Já estava planejando uma mudança de carreira quando o universo, com toda sua sabedoria, me trouxe a melhor e a maior mudança da minha vida, o meu filho.

Em abril de 2002, quando descobri que estava grávida optei por sair do banco e conduzir a minha gestação de forma mais tranquila e este período foi um divisor de águas na minha história profissional.

Em dezembro, com a chegada do João, foi o momento mais mágico da minha vida e os nove meses de gestação haviam me dado o tempo necessário para desenhar meu recomeço profissional.

O recomeço

Quando o João completou três meses eu comecei a planejar meu retorno ao mundo corporativo. Eu costumo dizer que meu período da gestação foi o meu período sabático para construir os próximos passos profissionais, já que estava claro para mim que ficar em casa não me faria feliz e também precisávamos ter uma renda maior para realizar os sonhos que desejávamos para nossa família e para isso era preciso que eu voltasse.

Através de um grande amigo recebi a dica de um processo seletivo para Analista de Negócios Sênior em uma empresa de telecomunicações. Seria dar um passo para trás em relação a salário e cargo, mas era a oportunidade que eu tanto queria para começar em uma nova área.

Deu certo, porém não foi fácil recomeçar! Tinha a adaptação da volta precoce da licença-maternidade, a culpa de deixar meu bebê tão novinho com a minha mãe (sem ela eu não seria a profissional que me tornei), o aprendizado de um novo trabalho e um universo de siglas e informações técnicas que eu não tinha a menor ideia do que significava.

Costumo dizer que trabalho duro e humildade vencem qualquer dificuldade, estudei muito, perguntava tudo o tempo todo e posso afirmar que o processo ficou mais fácil graças a profissionais incríveis que me ensinaram muita coisa sobre o mundo mágico das telecomunicações.

Novo Mundo

Durante um ano aprendi tudo que podia sobre IPs, Nuvens, Links e pude criar e colocar em operação os indicadores de Governança para a área de Implantação na qual eu trabalhava. Em reconhecimento a este trabalho consegui a recomendação para ser transferida para a área de Governança

Comercial da organização que estava incorporando a empresa na qual eu estava atuando.

E assim começava mais uma nova fase, mudanças à vista e com isso novas oportunidades. Nesta nova área aprendi os conceitos da Governança Comercial, tive uma mentora incrível que me inspirava a ser cada dia melhor naquilo que fazia.

E quando estava me acostumando com as novas atividades, outra mudança.

Tivemos outra fusão! Agora eu faria parte de uma das maiores Operadoras de Telefonia do país. Foram quatro anos, em que pude participar de diversos projetos de Garantia de Receita, fui responsável por projetos de integração de faturamento e administração de vendas e tive a oportunidade de ser líder indireta de uma equipe. Sem dúvidas estes inúmeros projetos me fizeram desenvolver muitas habilidades técnicas e comportamentais.

Em 2004, o mercado de telecomunicações ainda era basicamente formado por homens e é claro que para nós, mulheres, o caminho era um pouco mais longo. Para se destacar era necessário "criar uma casca". Aprender a se impor, dizer não e negociar eram habilidades vitais para a sobrevivência. Aprendi! Não foi fácil, mas criei a tal casca e passei a me destacar e a ser respeitada nos projetos que pude liderar.

Lembra que adoro mudar?, pois é! Em 2007 recebi uma oferta de trabalho para atuar na linha de frente do comercial na prospecção de novos negócios. Precisava de novos desafios e já estava na hora.

Era a oportunidade ideal para ter a experiência da linha de frente do comercial e aumentar o meu leque de conhecimento, afinal, durante seis anos vivi a experiência de desenhar processos comerciais e de atendimento, criar e acompanhar KPIs e viver a venda faria com que a minha experiência profissional ficasse mais completa.

A maturidade

Passei um ano fora do mercado de telecomunicações aprendendo a linguagem do comercial e foi incrível como isso me ajudou a ter uma visão completa da Jornada de Vendas. Em 2008 voltei para o mundo de telecom através de uma empresa que estava começando sua operação em São Paulo, seria a primeira vez que teria uma equipe sob minha gestão e esta era a oportunidade que estava buscando, desta vez, sim, seria uma gestora de fato.

Foram 13 anos nessa empresa, período no qual pude me desenvolver, crescer e amadurecer como gestora.

Quando eu olho para trás e penso na minha trajetória, comecei liderando seis pessoas e quando saí tinha mais de 70 pessoas sob minha gestão, sinto muito orgulho.

Ao todo foram pelo menos seis projetos de estruturação e suporte ao time comercial, três processos de aquisições e migração de dados, criação de um CRM do zero, quatro promoções diretas, alguns milhões de reais em reduções de custos e muitos outros milhões em aumento de receita.

Os meus dois projetos queridinhos sem dúvida foram a liderança de um Projeto de Transformação Organizacional e a criação de um CRM próprio. Estes dois me trouxeram não apenas prêmios como destaque da companhia, porém, sem dúvida, também me fizeram crescer muito como gestora e como ser humano.

No dia do lançamento deste projeto do CRM, falando para mais de 500 pessoas me lembrei daquela garota, aquela de 18 anos que queria ser executiva, e pensei... consegui!

E foi uma sensação incrível.

Nossa História é a gente quem escreve

Em 2018 devido a uma mudança de gestão saí dessa companhia e decidi parar e recalcular a rota.

Estava no piloto automático. Foram 13 anos viajando, estudando, trabalhando, equilibrando pratos entre a vida profissional e pessoal, já não era mais uma menina e precisava me priorizar e cuidar de mim.

Decidi empreender e aplicar todo meu conhecimento em prol do meu negócio e hoje, seis anos depois, ele está aí crescendo e prosperando.

Mas, como eu disse lá no começo do capítulo, sou movida a mudanças e não gosto de ficar parada, então junto com o meu negócio voltei para o mercado em 2020.

Desde então tenho me organizado entre fazer crescer meu empreendimento e atuar no segmento. Sigo feliz mudando a rota sempre que necessário ou quando os ventos estão calmos demais.

Pessoas

Li uma vez em uma reportagem uma frase sobre sucesso que me chamou atenção: "Sucesso é uma palavra que muitos acreditam ter um significado objetivo, mas que, na realidade, é totalmente subjetivo. Ser bem-sucedido pode ter sentidos totalmente diferentes para cada um. Uma pessoa pode associar o sucesso a uma carreira brilhante em uma grande empresa, enquanto outra entende como sucesso abrir o próprio negócio, e uma terceira acredita que sucesso está ligado a família e uma vida simples, independentemente da posição profissional".

Para mim, sucesso significa ter influenciado de forma positiva a vida de outras pessoas. É ter ajudado a descobrir habilidades e contribuído no desenvolvimento profissional das pessoas as quais tive o privilégio de liderar.

E por que digo isso? Porque com certeza eu não seria a profissional que sou se não tivesse tido pessoas incríveis na minha trajetória.

> *Agradeço a meu marido e filho, pelo apoio incondicional à minha carreira.*
>
> *A minha mãe, por ter plantado esta semente do empoderamento desde pequena.*
>
> *Ao meu pai, pelo exemplo de honestidade e comprometimento.*
>
> *Aos Líderes incríveis com quem pude aprender e que contribuíram muito para ser quem eu sou hoje.*
>
> *Aos péssimos líderes, que me mostraram como não ser como eles.*
>
> *Aos pares que me fortaleceram e me tornaram mais "cascuda", sem dúvida graças à concorrência saudável que sempre tivemos.*
>
> *A todos os colaboradores incríveis que tive direta ou indiretamente. Vocês com certeza me fizeram ser a cada dia um "Ser Humano" melhor.*
>
> *Gratidão!! E com toda certeza sigo escrevendo minha história e mudando sempre que necessário!*

Da Vésper à Claro via Embratel: Perspectivas de uma Advogada Corporativa

Isabela Cahú

É advogada com mais de 25 anos de experiência no setor de telecomunicações, atual diretora jurídica da Claro. Com especialização em Direito Processual Civil pela UFPE e mestrado em Economia pela FGV-RJ, se destaca por sua atuação em resolução de litígios estratégicos e regulação, contribuindo para o crescimento sustentável e a segurança jurídica das empresas. É uma referência em soluções jurídicas inovadoras no setor.

LINKEDIN

Sou advogada e tenho uma sólida atuação no jurídico corporativo de empresas de renome global, como Embratel e Claro, desenvolvendo expertise em estratégia processual e Direito regulatório. O meu conhecimento, aprofundado por um mestrado em Economia e Finanças Empresariais pela Fundação Getulio Vargas (FGV), proporciona uma visão que entrelaça o âmbito jurídico ao econômico, destacando a importância crucial do papel do jurídico no êxito da organização.

Concluí minha graduação em Direito pela Universidade Católica de Pernambuco em 1998, ingressei na Ordem dos Advogados do Brasil e iniciei o curso de especialização em Direito Processual Civil na Universidade Federal de Pernambuco.

Em retrospectiva, minha jornada no jurídico corporativo iniciou-se na Vésper, uma empresa do grupo Bell South, em 1999, no Rio de Janeiro, logo após a privatização do setor de telecomunicações.

Em 2001, dei meus primeiros passos no desafiador cenário do jurídico corporativo da Embratel, vinculada à WorldCom. Nesse ambiente dinâmico, mergulhei no universo jurídico, enfrentando não apenas questões contratuais, mas também tendo a oportunidade de conhecer os desafios de uma empresa que entrou em falência nos Estados Unidos e esteve envolvida no maior escândalo contábil à época junto com a Enron, introduzindo-me em um ambiente jurídico completamente inédito para mim.

Desprovida de conhecimento contábil, enfrentei um desafio particular ao classificar todos os processos como prováveis na primeira avaliação de probabilidade de perda, inadvertidamente afetando os resultados da empresa. Esse episódio revelou a necessidade de ampliar meu conhecimento nessa área. Durante essa jornada, realizei o mestrado em finanças e economia profissional pela FGV, concluindo em 2008.

É importante destacar que o curso do mestrado na FGV teve um impacto transformador em minha forma de pensar. Essa experiência enriquecedora contribuiu para o desenvolvimento da minha abordagem analítica, refletindo-se não apenas no ambiente acadêmico, mas também no meu cotidiano profissional.

Já sediado em São Paulo, o grupo América Móvil, acionista majoritário da Embratel, Claro e Net, optou por uma integração estratégica, consolidando as três empresas sob a nova marca Claro Brasil. Esse processo foi acompanhado por uma significativa reestruturação, culminando na unificação de todos os departamentos jurídicos sob a liderança da Embratel. Todo o trabalho conduzido pelo setor jurídico da Embratel, durante este processo, encontra-se documentado e detalhado em um livro[1], proporcionando uma visão aprofundada do processo e seus desafios.

Ao longo dessa trajetória, tive a honra de cruzar caminhos com a ilustre Ministra Eliana Calmon, que assumiu uma posição histórica no Superior Tribunal de Justiça (STJ), tornando-se a primeira mulher a ocupar esse posto. Num momento especial, ao solicitar um parecer jurídico por ocasião de sua aposentadoria, fui recebida em sua casa. Sua gentileza e firmeza marcaram esse encontro, culminando com a elaboração de um estudo completo que está sendo fundamental para a jurisprudência no setor.

---

[1] ***Aspectos Processuais da Incorporação Societária***, editora Revista dos Tribunais, prefácio Ministro Mauro Campbell Marques, autores Arruda Alvim, Eduardo Arruda Alvim, Rennan Thamay e Fernando Crespo Queiroz Neves.

Minha experiência em departamentos jurídicos permitiu-me desenvolver uma estratégia processual pormenorizada de cada demanda judicial, incluindo a avaliação de probabilidade de perda do processo, do custo envolvido, como honorários de advogados, de peritos, verbas de sucumbência, provisão e a possibilidade de acordo. Diante desses desafios, a gestão financeira cuidadosa se torna crucial, sendo fundamental operar dentro do orçamento estipulado.

Nesse cenário, a seleção do escritório de advocacia torna-se de extrema importância para operar dentro do orçamento e aumentar as chances de êxito do processo. É fundamental compreender as particularidades e necessidades específicas do cliente, buscando adaptar-se a elas de maneira diligente e eficaz.

A expertise acadêmica dos profissionais que integram os escritórios de advocacia contribui significativamente para a qualidade e eficácia na condução de casos legais complexos. Dou grande ênfase à qualificação acadêmica, valorizando aqueles com mestrado, doutorado ou que atuem como professores.

Durante essa trajetória, enfrentei desafios complexos, apresentando soluções inovadoras. Um exemplo emblemático foi a estratégia jurídica que conduziu ao encerramento de um dos maiores litígios judiciais no Brasil, originado por uma disputa de patentes no setor de telefonia móvel relacionada ao identificador de chamadas (BINA: B identifica chamada de A).

Estou muito honrada com o convite para a elaboração deste artigo para a primeira edição livro "Mulheres em Telecom" da Série Mulheres®, da editora Leader.

Refletindo sobre minha jornada profissional, é possível identificar quatro pilares que são a base da minha trajetória: ambição, felicidade, educação e *networking*.

Cada um desses elementos desvela caminhos marcados por desafios, aprendizados e conquistas. A **ambição**, moldada por treinamentos e interações com mentes igualmente ambiciosas, destaca-se como um fator vital. A **felicidade** impulsiona-me a buscar não apenas a excelência, mas também a satisfação pessoal em cada novo empreendimento que abraço. A **educação** emerge como alicerce fundamental, impulsionando a produtividade e abrindo portas para a liderança e habilidades interpessoais. E, por último, o **networking**, que, com sua dupla função de facilitar ascensões e inspirar através de exemplos, tece uma teia valiosa.

No espírito dos antigos provérbios gregos, que reconheciam a singularidade e astúcia das mulheres, podemos contemplar a perspicácia feminina como uma força extraordinária. Os gregos, em sua sabedoria, afirmavam que as mulheres possuíam algo invejável: a habilidade de transformar simples gestos em realizações magníficas. Da dádiva de um espermatozoide, ela cria um legado; ao receber uma casa, ela constrói um lar. A mulher, dotada de uma sagacidade única, multiplica e amplifica generosidade. Contudo, como alertavam os sábios, se a ela for entregue um desafio, que se prepare para as consequências!

E meus desafios na advocacia começaram com o estágio. Entendo ser importante a realização de estágios antes da formação acadêmica, pois proporcionam uma valiosa imersão prática no campo escolhido. A grande dúvida que permeia muitos estudantes é qual o melhor momento para iniciar o estágio durante o curso de graduação.

Durante meu percurso acadêmico, meu olhar estava firmemente voltado para a conquista de uma vaga de estágio no Tribunal Regional Federal da 5ª Região. Na atmosfera desafiadora do tribunal, tracei minhas primeiras metas para acabar com o alto estoque de processos. Aplicando meticulosamente a organização aos processos, classificando-os por partes rés, tipos de pedidos e outras variáveis essenciais. Ao assimilar o entendimento do Desembargador, adotei um mantra simples: Ctrl C + Ctrl V. Os resultados foram notáveis, e o gabinete atingiu recordes de decisões. Essa performance estendeu meu estágio até praticamente o término do curso.

Desde sempre, a ambição tem sido a chama que impulsiona meu desejo de alcançar o próximo passo, a próxima meta. E me lembro que, enquanto não acabava com o estoque do processo, não descansava. No âmbito do jurídico corporativo, anualmente inauguro o ciclo com uma reunião junto à equipe, analisando meticulosamente os resultados do ano anterior e traçando as metas a serem alcançadas. Este ritual estratégico alinha todos os esforços em busca do alcance das metas da empresa, visando minimizar ou afastar riscos financeiros e buscar melhores resultados.

Como cantavam Tom Jobim e Vinicius de Moraes: "A felicidade é como a pluma, que o vento vai levando pelo ar. Voa tão leve, mas, tem a vida breve, precisa que haja vento sem parar".

Em meio às tramas do cotidiano, um parâmetro essencial emerge como um farol na minha jornada profissional: a busca incessante pela felicidade no trabalho. Talvez fosse mais adequado utilizar a expressão "satisfação profissional", ao invés de "felicidade". Porém, quero deixar registrada a importância de sentir-se feliz no que faz.

Aqueles que despertam angustiados, sem ânimo para trocar de roupa, sofrendo ao se dirigirem ao trabalho, estão diante de um sinal inequívoco de necessidade de mudança. Nos momentos em que a inquietação se faz presente, faço-me uma pergunta: 'Você consegue virar as costas e seguir em frente sem este trabalho?' Se a resposta é afirmativa, é hora de mudar, de buscar novos objetivos. A felicidade, embora necessite de alguns sopros em momentos desafiadores para não apagar, deve ser uma chama constante, sempre presente. É nessa convicção que baseio minha abordagem profissional e pessoal.

O tema da educação sempre permeou os alicerces da minha família. A influência marcante de meus pais desempenhou um papel importante na moldagem da minha trajetória profissional. Anualmente, meu pai, médico dedicado, acompanhado pela minha mãe, empreendia uma jornada para participar de congressos nacionais e internacionais. Nestes eventos, meu pai se atualizava com artigos científicos e as mais recentes descobertas em medicamentos da época. Em uma era em que a internet ainda não era acessível, esses congressos representavam uma oportunidade de aprendizado, assim como uma necessidade vital para o intercâmbio de conhecimento e estudos. A máxima 'Se atualize sempre' proferida por meu pai tornou-se um lema que não apenas esteve presente na minha infância, mas também moldou de maneira indelével minha abordagem da qualificação profissional e da busca constante pelo conhecimento.

Comprometida com a busca contínua por educação e em sintonia com as exigências dinâmicas do mundo corporativo, decidi investir em programas de educações executivas, como o **"Cambridge Advanced Leadership Programme"** na prestigiada Universidade de Cambridge.

A abordagem prática do programa, combinada com estudos de caso relevantes, objetiva desenvolver habilidades estratégicas e a capacidade de liderar eficazmente em um ambiente global.

A rede exclusiva de profissionais que participam do programa oferece oportunidades valiosas de *networking*, enquanto a imersão no ambiente acadêmico de Cambridge proporciona um aprendizado inigualável.

Por isso, indico como último pilar o *networking*. Ao desempenhar uma dupla função de facilitar ascensões e inspirar através de exemplos, transcende a simples troca de contatos. Ele se torna uma teia dinâmica e valiosa, na qual compartilhar experiências, ideias e *insights* se transforma em uma ferramenta estratégica. Essa teia de conexões não só proporciona oportunidades imediatas, como também estabelece alicerces para colaborações futuras, parcerias estratégicas e até mesmo mentorias valiosas.

Gostaria também de mencionar, em um contexto distinto, mas igualmente relevante, a importância da equiparação salarial. Apesar de não integrar um dos meus pilares profissionais, este é um tema crucial que merece nossa atenção, destacado pelo trabalho de Claudia Goldin, ganhadora do Prêmio Nobel de Economia, e por Ana Carla Abrão Costa, da B3, que aborda a desigualdade de gênero no Brasil.

Claudia Goldin se tornou a terceira mulher a receber o Prêmio Nobel de Economia, destacando a importância do estudo sobre gênero e mercado de trabalho. Seu trabalho abrange a participação das mulheres no mercado de trabalho e a busca pela equidade entre casais. Recentemente, ao ler um artigo no The Economist[2], fiquei impactada ao constatar que a maternidade continua sendo um divisor de águas na carreira das mulheres, prejudicando seus rendimentos mesmo anos após o nascimento dos filhos. É evidente que, infelizmente, uma mulher com filhos ainda enfrenta disparidades salariais em comparação com homens ou mulheres sem filhos, conforme destacado por Goldin.

Como mãe de dois filhos, João Pedro e Luiz Felipe, minha decisão de iniciar a jornada da maternidade esteve longe de contemplar as implicações alarmantes da disparidade salarial de gênero. Uma reflexão inevitável emerge: a equidade salarial não deveria ser uma preocupação exclusiva das mães, mas sim uma questão que transcende os gêneros e abrange toda a sociedade.

Onde se situa o Brasil em relação a outros países do mundo em relação à desigualdade de gênero e como aumentar a diversidade?

Ana Carla Abrão Costa, vice-presidente da B3, emerge como uma voz influente ao abordar a desigualdade de gênero no Brasil. Como autora do relatório inovador elaborado pela Oliver Wyman[3], Ana analisou minuciosamente o ciclo de vida do *gap* de gêneros, focalizando evidências tanto do setor financeiro quanto do público do país. Seu diagnóstico revela uma realidade preocupante: *"A distância a ser vencida ainda é grande – e no Brasil, ao contrário de outros países do mundo, ela vem se ampliando".*

---

[2] https://www.economist.com/finance-and-economics/2023/10/09/claudia-goldin-wins-the-nobel-prize-in-economics
[3] https://www.oliverwyman.com/br/nossa-especialidade/insights/2020/aug/mulheres-no-setor-financeiro-2020.html

O estudo identifica três grupos de iniciativas cruciais para o que Brasil quebre o ciclo persistente da desigualdade de gênero: 1. Políticas ativas, envolvendo regulações e políticas empresariais. 2. Iniciativas de conscientização e empoderamento, e, por último, 3. Metas e monitoramento.

Essas estratégias abrangentes apontam caminhos concretos para transformar a paisagem da igualdade de gênero no Brasil, destacando a necessidade premente de ações coordenadas e mensuráveis em todas as esferas da sociedade. A leitura do relatório de autoria de Ana Carla é essencial para um entendimento detalhado, baseado em dados, da situação da desigualdade de gênero do país.

Encerro este artigo recomendando a leitura do livro *"Camilla Conta sua História – Vida e Obra de Camilla Nilsen*[4]*"*. Este exemplar autobiográfico revela a vida extraordinária de Camila Nilsen, uma figura emblemática da política dinamarquesa e pioneira na defesa dos direitos das mulheres no final do século XIX e início do século XX.

Camilla, uma mulher inspiradora, teve um impacto transformador em minha vida, motivando-me a redefinir meu caminho e embarcar em uma jornada familiar passando a residir em Cambridge. Para mim, a maternidade transcende uma questão pessoal, tornando-se uma reflexão sobre a desigualdade de gênero. Continuarei minha jornada por um mundo mais igualitário e inclusivo.

---

[4] https://www.shopcons.com.br/produto/camilla-conta-sua-historia-5668

Resiliência e Superação: Uma Jornada de Perseverança e Conquistas

Luci Moreira da Silva Artero

Pós-graduada em Gestão de Risco, Compliance e Auditoria pela Pontifícia Universidade Católica do Paraná – PUC-PR. Atua há 24 anos em Auditoria. Atualmente está à frente da Gerência de Planejamento de Auditoria da Claro S.A., onde é responsável pela elaboração do Plano Anual de Auditoria Interna, implementação de indicadores de auditoria contínua e auditorias sobre riscos operacionais e de Compliance.

LINKEDIN

Origem e Influência Familiar

Perseverar sempre, fazendo o seu melhor!

As pessoas que conhecem um pouco da minha história dizem "Luci, você é uma mulher muito forte!" Eu atribuo esta qualidade aos meus pais, que me ensinaram a perseverar sempre na nossa trajetória de vida, independentemente dos obstáculos, para alcançar os nossos sonhos.

Venho de uma família humilde com o meu pai e minha mãe, que sempre trabalharam muito, reconhecidos como zeladores da honestidade e que sempre amaram dar o melhor para mim e para o meu irmão mais novo. Eles nos ensinaram que é por meio do trabalho honesto que conquistamos os nossos sonhos.

Minha mãe trabalhou fora até antes de engravidar de mim e depois continuou a sua jornada em um trabalho que na minha opinião é um dos mais nobres: cuidar da sua família e da casa; porque se não fosse esse cuidado dela não estaria aqui para escrever este capítulo da minha trajetória de vida e profissional.

Meu pai tem uma jornada de perseverança na sua vida profissional, motivado pelo seu papel de provedor para que não faltassem os recursos básicos para cuidar da sua família.

Trabalhou por 35 anos em duas empresas, sendo que na última foram 20 anos de dedicação e sem gozar um só dia de férias, para que o salário rendesse mais para suprir as necessidades da nossa família.

Ambos sempre me ensinaram que quando temos uma tarefa para realizar seja em casa, no trabalho ou para o próximo, devemos fazer o nosso melhor como se estivéssemos fazendo para nós mesmos. Este também é um ensinamento bíblico dado por Jesus como o maior mandamento que devemos seguir nos nossos relacionamentos interpessoais. Somos uma família cristã e a Bíblia sempre foi, é e será para sempre nosso referencial de vida.

E, no mundo corporativo, este sábio e valioso ensinamento também se aplica aos negócios, visto que é conhecido como "a regra de ouro" no relacionamento com clientes, assim como é citado no livro "Vencendo com Propósito", escrito pelo autor Fred Reichheld. Ele é criador do indicador NPS (Net Promoter Score) utilizado para mensurar o nível de satisfação dos clientes em relação aos produtos e/ou serviços adquiridos de uma empresa, e a probabilidade de indicarem a marca de uma empresa para outras pessoas.

Trajetória Profissional e Conquistas

Dando seguimento a minha trajetória profissional, busquei a formação em Tecnologia, porque em meados dos anos 90 esta área já se destacava como uma área promissora e principalmente porque haveria muitas oportunidades de trabalho na virada do século com o *bug* do milênio, decorrentes da necessidade de programar os sistemas informatizados para registrarem o ano a partir de 2000; por esta motivação, no ano de 1997 ingressei na Faculdade de Tecnologia de Processamento de Dados da Universidade Presbiteriana Mackenzie.

No entanto, em uma das aulas sobre Segurança em Sistemas, assisti a apresentação de um colega aluno que trabalhava em uma multinacional, considerada na época uma das Big Five de Auditoria e Consultoria, em que ele abordou de uma forma brilhante e abrangente o tema, demonstrando a sua experiência no assunto pelo trabalho que ele desempenhava como auditor de sistemas. Isto me encantou pela profissão de auditoria e me motivou a buscar esta oportunidade no mercado.

E, no mês de setembro do ano de 2000, eu ingressei como *trainee* em uma das Big Four de empresas multinacionais de auditoria e consultoria, após ter sido aprovada em cinco etapas de um processo seletivo disputadíssimo e ter desistido de seguir uma carreira com "estabilidade" em um Banco do Governo Federal onde eu era concursada. Dei este passo tão importante na minha carreira pelo anseio de trilhar uma jornada que me proporcionaria vasto crescimento profissional, na qual eu tive a oportunidade de aprender conceitos contábeis, estrutura organizacional e funcional de uma empresa, técnicas e ferramentas de auditoria, conhecer os negócios de empresas de vários segmentos, culturas organizacionais, além das amizades que eu formei e que tenho até hoje, com todas as minhas quatro amigas que ao longo destes anos, como eu, progrediram profissionalmente, nos casamos, tivemos os nossos filhos e hoje nos encontramos para recordar os bons momentos que passamos juntas na nossa trajetória profissional.

E, ao longo dos 12 anos em que trabalhei nesta multinacional de auditoria e consultoria, pude morar em dois Estados do Brasil assumindo novos desafios e tendo como conquistas ser a primeira profissional de auditoria de sistemas no escritório de Brasília e a primeira mulher a ser promovida a gerente e gerente sênior.

Superando Desafios Pessoais e Profissionais

Nesta jornada enfrentei muitos obstáculos, mas, quando somos resilientes, vivemos uma vida de aprendizado até mesmo com as dificuldades, adversidades, fracassos.

A área de Auditoria de Sistemas, por estar vinculada à área de TI, é predominantemente exercida por homens, e já comecei por aí tendo que me inserir neste contexto para impulsionar a diversidade.

Um outro desafio superado foi quando decidi morar sozinha em Brasília motivada pelo convite de inaugurar o exercício da minha atividade de auditoria de sistemas no escritório desta cidade. Lá eu não tinha nenhum familiar próximo e comecei do zero a construir relacionamentos profissionais e pessoais e me adaptar em uma cidade tão diferente da minha cidade natal que é São Paulo.

Mais um desafio foi a minha mudança de emprego, pois deixei a multinacional de auditoria e consultoria após 12 anos para assumir a Gerência de Auditoria Interna de Sistemas na Claro S.A., multinacional de telecomunicações em São Paulo, onde tive que mais uma vez me adaptar a um novo cenário e virar a chave por estar acostumada com uma rotina semanal mais arrojada de trabalho, prestando serviço de auditoria em empresas de diversos segmentos do setor privado, economia mista, do mercado financeiro, seguradoras, indústrias de materiais e prestação de serviços, com culturas organizacionais diferenciadas; porque neste novo emprego eu teria que me adaptar a um só ambiente, cultura. Porém, como o mercado de telecomunicações é dinâmico e a todo tempo desafia a obsolescência com a inovação nos negócios, segmento de clientes, produtos, o meu ritmo de trabalho continuou sendo arrojado e sempre inaugurando áreas de conhecimento para o meu crescimento profissional.

Entre os anos de 2015 e 2017, eu vivi um dos meus maiores desafios profissionais e pessoais, fiz uma transição de carreira assumindo uma nova Gerência que é a de Planejamento de Auditoria Interna, com a missão de não só ter o domínio dos conhecimentos inerentes à Auditoria de Sistemas que até então foi a minha trajetória profissional, bem como de outras áreas do conhecimento, tais como Financeiro, Contábil, Tributário, Comercial, para executar as atividades de planejamento da área. Esta foi uma mudança disruptiva na minha carreira. E concomitantemente, tive que enfrentar a dor de três abortos retidos no prazo de 12 meses. Esta situação pessoal e familiar me abalou completamente; mas, mesmo me sentindo tão frágil emocionalmente, continuei a minha trajetória profissional, vencendo os desafios diários.

Graças a Deus, em setembro de 2017, engravidei, tive uma gestação muito saudável e em junho de 2018 eu tive o meu filho muito abençoado.

Atribuo todas estas conquistas a uma visão de "ressignificar" os desafios e obstáculos da vida como um grande aprendizado, no qual passamos pelas dificuldades para adquirirmos mais força, sabedoria e amadurecimento para sermos referenciais no meio onde convivemos e deixarmos legado de esperança e força para os nossos amigos.

Lições Extraídas das Experiências

Como sempre gostei muito de estudar, agregar conhecimento, eu vi que na carreira em Auditoria eu teria muitas oportunidades para que este objetivo fosse alcançado, porque a vida do auditor é movida pelo dinamismo, conhecendo diversos processos de negócios da Companhia e os riscos associados para que tenha habilitação para verificar, analisar e concluir que os riscos estão sendo tratados de forma adequada e não comprometem o atingimento dos objetivos de negócios da Companhia.

Comecei a percorrer este objetivo como *trainee* e hoje sou uma executiva e agradeço a todos os meus gestores diretos e indiretos, liderados, parceiros de equipe de trabalho que foram referenciais de aprendizado.

Em todo este processo que eu vivenciei de transição de Estados, empresas, carreira profissional, familiar, me recordo de uma conversa que tive com um dos meus clientes enquanto eu atuava na multinacional de auditoria e consultoria, que validou que todo o esforço que eu tinha vivido até o momento tinha valido a pena.

Ele era um funcionário concursado de carreira há mais de 20 anos em uma Instituição governamental e ele trabalhava na área de Segurança da Informação e quando contei a ele que antes de entrar na multinacional de auditoria e consultoria eu era também concursada de um Banco do Governo Federal e que resolvi deixar a minha suposta "estabilidade de emprego" assegurada pelo serviço público para ingressar na iniciativa privada com um cargo de *trainee*, com um salário inferior ao que eu ganhava, tudo isso porque eu queria ser auditora e na Instituição Financeira eu não teria esta oportunidade. Ele me disse que se arrependia de não ter tomado esta decisão quando era mais jovem porque ele escolheu a "estabilidade", porém não tinha oportunidade de agregar o conhecimento não só técnico, mas também da cultura organizacional e de relacionamento entre outras empresas, indústrias.

Entendo que o aprendizado que eu quero deixar com este pequeno trecho da minha trajetória é que você deve seguir o que acredita e almeja como sonho profissional, seja perseverante, porque a realização profissional só acontece se você é impulsionada pela paixão pelo que faz.

Um dos maiores ensinamentos que quero deixar registrado neste capítulo da minha trajetória profissional e sobretudo para as mulheres que estão no mercado de trabalho e que são também desafiadas pelas questões que envolvem a sua profissão de dona de casa, o seu papel de mãe e esposa, é que devemos perseverar em alcançar os nossos objetivos, ressignificando os obstáculos, as negativas, o preconceito, como impulsionadores para sermos resilientes, prosseguindo a nossa jornada, porque a conquista certamente virá no tempo certo! E os fracassos, as situações difíceis nos ensinam como sermos mais fortes e nos preparam para vivermos as nossas conquistas.

Para mim foi muito difícil enfrentar a frustração de três abortos consecutivos, com a minha saúde emocional muito abalada, ao mesmo tempo que eu estava fazendo uma transição de carreira, assumindo novas responsabilidades que eram muito mais abrangentes do que aquelas que eu já exercia. Entendo que estes desafios estavam me fazendo mais forte e preparada para vivenciar conquistas em um futuro próximo, me impulsionaram a não desistir, ter me mantido resiliente e não permitir que a minha fragilidade emocional direcionasse o rumo da minha vida em todos os aspectos naquele momento.

Na minha visão, a área de Auditoria proporciona um celeiro de conhecimento sobre os processos de negócio de uma Companhia. Mesmo que você seja um especialista técnico em Sistemas, Tributos, para você fazer auditoria é necessário conhecer o processo assim como quem o executa, para agregar a esta perspectiva de execução do processo a identificação e a análise dos riscos e ter o conforto de que o processo de negócio está bem controlado para atingir os seus objetivos sem prejuízos. Desta forma, a cada processo de negócio que você vai auditando, tem a oportunidade de agregar conhecimento e crescer profissionalmente, não só em conhecimento técnico, bem como fazendo relacionamentos com profissionais de outras áreas, ampliando o seu *network*.

Valores Profissionais e Pessoais

Como postura profissional sempre busquei atrair a confiança com que me relaciono, porque a confiança é a pedra fundamental para qualquer relacionamento. Por isso o nosso discurso precisa ter uma relação de integridade com os nossos comportamentos e atitudes.

E este é um posicionamento de honestidade que os meus pais sempre me ensinaram como uma prática primordial para a vida, independentemente das circunstâncias e consequências.

A minha trajetória de perenidade nas empresas em que eu trabalhei e das minhas saídas terem sido voluntárias em busca de novos desafios demonstram que a confiança no meu trabalho sempre foi reconhecida pelos meus líderes e gestores.

Além desta marca de confiança, eu valorizo muito o trabalho em equipe e construí ao longo da minha carreira relacionamentos profissionais que se tornaram grandes amizades em Brasília, Curitiba e aqui em São Paulo, lugares onde trilhei a minha trajetória profissional.

Mensagem Inspiradora e Motivacional

O conselho que eu posso deixar como legado para outras mulheres é: **veja a vida como um grande aprendizado, não interprete as dificuldades como um sinal para paralisar a sua caminhada.** De todas as situações difíceis, sempre podemos extrair coisas boas que nos fazem amadurecer, perseverar, ser mais fortes e resistentes.

Se você tem um sonho, um propósito, acredite que, se esta missão foi dada a você é porque tem a capacidade para realizar e enquanto não se concretiza a conquista você está sendo habilitada para poder vivê-la de forma plena.

Semelhante ao ciclo da natureza que se comporta de várias formas de acordo com as estações do ano, podemos tomar como exemplo numa árvore que, embora no outono, permanece somente com os galhos secos e com uma aparência de improdutividade e nem por isto ela desfalece, porque esta é uma situação momentânea que tem o tempo certo para acabar; logo será inaugurada a próxima estação, que é a primavera, na qual ela vai gerar muitas flores e frutos, demonstrando a fertilidade que sempre existiu na árvore, mas que tinha o período adequado para se manifestar.

E isto acontece com as nossas vidas, se por acaso, ao ler este capítulo, você estiver vivendo uma situação de fracasso ou uma sequência deles, acredite no seu propósito e se esforce em se preparar e se habilitar, porque chegará o tempo certo para você frutificar.

E tenha como propósito fazer sempre o seu melhor em tudo a que você se dedicar, assim como se estivesse fazendo para você, porque a sua dedicação será percebida e certamente valorizada.

Permita-se aprender com a vida em todas as situações, sendo perseverante, resiliente, apaixonada pelo que faz para entregar o seu melhor sempre!

Quero agradecer a todos que fizeram e fazem parte da minha carreira profissional, os meus gestores, liderados e pares pelo apoio, confiança e pelas oportunidades de aprendizado em todas as situações; sobretudo ao Senhor Jesus Cristo, que é o meu Melhor Conselheiro de todas as horas, meu marido, Claudio, e ao meu filho, Diego, que são os meus motivadores para enfrentar a jornada diária, e aos meus pais, José e Célia, que me formaram dentro de uma convivência ética que preza o trabalho, a honestidade e o amor ao próximo.

Deixo como uma indicação de leitura o livro "Mulheres que Transformam Mulheres – Seja protagonista da sua vida", que relata a trajetória de várias mulheres que tiveram experiências de vida que se conectam com a minha jornada profissional e pessoal.

Sonhos, fé e realização: caminhos para o sucesso

Luciene Gonçalves

Esposa do Vilkes, mãe da Thaís, do João Vítor e da Ana Luiza. Sogra do Alisson e da Isabelle e a avó da Giovanna. Tem 53 anos, é graduada em Ciências Contábeis, pós-graduada em Finanças e Controladoria e um MBA em Relações com Investidores. Construiu ao longo dos anos uma sólida carreira na área financeira, no setor de telecomunicações. Na Algar Telecom, iniciou como gerente de crédito e cobrança e ocupou posteriormente vários outros cargos gerenciais dentro da diretoria financeira. Em 2015 assumiu a diretoria financeira e RI. Posteriormente foi diretora de controladoria e encerrou sua carreira de executiva naquela empresa, ocupando a cadeira de vice-presidente Financeira. Desenvolveu uma visão estratégica de negócios atrelada à implementação das melhores práticas financeiras e de governança corporativa. Participou de diversos treinamentos, entre eles o PGA, realizado pela FDC e INSEAD em Fontainebleau/França e Conselheiros de Administração pelo IBGC. Além de profundo conhecimento em todas as pastas de finanças, possui expertise na liderança de times multiculturais. Tem um interesse genuíno por gente, pelas relações interpessoais e comportamento humano nas suas mais diversas manifestações. É autora do livro "Escolhas", publicado em 2011.

LINKEDIN

Felicidade

Sempre me perguntei como se fazia para ser feliz. Era curiosa e tinha vontade de entender porque algumas pessoas eram tão felizes e outras não conseguiam o mesmo feito. Será que apenas alguns eram merecedores? O que a gente realmente precisa para ser feliz? Dinheiro? Sucesso no trabalho? Viagens? Amor? Do que a gente precisa para ser feliz?

Não posso dizer que sou uma estudiosa do assunto, mas tenho curiosidade pelo tema e faço minhas pesquisas de forma empírica, observando as pessoas e situações e, claro, observando a mim mesma.

E, nesse caminhar, descobri que não há uma receita pré-formatada para ser feliz e não há quem seja feliz o tempo todo. Mas existem certos ingredientes que facilitam muito esse processo. A felicidade é um estado de espírito que alcançamos quando estamos em paz com nós mesmos, quando descobrimos o que realmente importa, quando entendemos o quanto é maravilhoso estarmos aqui e agora cercados das pessoas que amamos, quando aprendemos a jogar este maravilhoso *game* chamado vida!

A cama

Aos sete anos eu ainda dormia em um berço. Claro que não

era mais confortável, não era agradável não poder esticar as pernas, mas o pior era pensar que alguma amiguinha poderia descobrir isso e, assim, todos na escola ficariam sabendo que eu não tinha uma cama. Esse era o meu maior problema nessa idade. Problema real e complexo de ser resolvido, pois naquela ocasião eu não tinha meios para conseguir dinheiro para comprar uma cama.

Sou filha do Sr. Ismar e da Dona Lia, casal lindo e admirável. Tiveram quatro filhos, três meninos e uma menina (euzinha), a mais nova e única filha. Fomos criados em meio a muito amor, muita brincadeira na rua, muitas risadas, muita liberdade. Cidade muito tranquila naquela época (anos 70), podíamos brincar até tarde pelas ruas sem nos preocupar com violência ou sermos atropelados, era tudo de fato muito tranquilo. Tivemos essa infância que dá saudades. Mas não eram só flores, a necessidade financeira batia na porta constantemente em forma de cobradores, de bocas famintas, de falta de roupas e sapatos adequados, uniformes, material escolar e tantas outras coisas que tínhamos vontade de ter. A cama não era definitivamente uma prioridade.

Mas de alguma forma eu tinha convicção de que ia conseguir. Era improvável, mas era o meu sonho e eu já tinha uma fé, um otimismo que me acompanham até hoje, pois fui entendendo que, quanto mais a gente sonha, quanto mais a gente acredita e trabalha para que algo bom aconteça, mais chances temos de êxito.

Não tínhamos parentes próximos na cidade uma vez que meus pais se mudaram para Uberlândia, em Minas Gerais, vindos de Araxá sua cidade natal, à procura de um futuro melhor para os filhos. Mas éramos cercados de pessoas muito boas que sempre que podiam ajudavam de alguma forma. Uma família em especial se tornou mais do que parentes de sangue, se tornou parentes de coração. Tinha a Beth, que cuidava de mim como se eu fosse sua filha e me dava muitos presentes. Ela cuidou para que eu não fosse tratada de forma desigual na escola. Tinha a vó Deluta, que me levava para dormir em sua casa e me fazia roupas, pois era costureira, então eu tinha roupas legais para sair com os amigos. E tinha o vô Neném, que me ensinou algumas musiquinhas as quais eu cantava para vê-lo feliz. E foi o vô Neném que me deu a minha cama. Num dia comum, ele chegou em minha casa e, como num passe de mágica, eu vi meu berço sendo retirado e minha cama nova sendo montada. E coube certinho no espaço que tinha no quarto dos meus pais. Nossa casinha era minúscula, mas isso não importava naquele momento. Eu tinha realizado o meu sonho! Eu sonhei, acreditei, rezei, pedi, dei e recebi amor e o universo conspirou a favor.

O episódio da cama não significou apenas a resolução de um problema, me marcou profundamente porque me ajudou a entender, ainda muito cedo, que as coisas acontecem de forma maravilhosamente alinhada, que o universo conspira sempre a favor quando sonhamos, acreditamos e trabalhamos em prol da realização destes sonhos de uma forma em que não apenas o resultado final seja satisfatório, mas de um modo que durante a trajetória nós e os que nos cercam possamos ter momentos de alegria e satisfação. Com a certeza de que, se é bom, vai acontecer. Tendo bons pensamentos e boas atitudes, as energias se alinham e a mágica acontece.

Depois é sermos gratos, agradecer a Deus e a todos aqueles que fazem ser possível cada realização. Não fazemos nada, definitivamente nada, sozinhos. Então ter no coração o sentimento da gratidão é muito importante para sermos realmente felizes. Valorizar aquilo que temos e somos, valorizar cada passo da caminhada, cada etapa da viagem. Agradecer pelas vitórias e pelas derrotas, pois cada uma delas tem o seu valor em nosso caminho de evolução.

Descobri ainda que um sentimento extremamente importante e que devemos carregar conosco sempre é a generosidade. Seja generoso com a vida, com o próximo e com você mesmo. Este sentimento é tão poderoso que quem mais ganha é quem está doando. É algo que racionalmente não se pode explicar, só se pode sentir.

O Sucesso

Sucesso = Felicidade.

Só podemos nos considerar pessoas de sucesso se conseguirmos ser felizes.

Ter muitos bens, cargos importantes, *status* não é sinônimo de sucesso, simplesmente porque isso não é sinônimo de felicidade.

Não quer dizer que não podemos desejar ter tudo isso, claro que é muito bom conseguir crescer profissionalmente, alcançar metas e objetivos, conquistar liberdade financeira. Mas a forma como fazemos isso e o que fazemos durante e depois dessa jornada é que faz a diferença no resultado.

Em resumo, sonhe e acredite nos seus sonhos, agradeça por cada conquista e pelos fracassos, eles farão você mais forte e, por fim, seja generoso com a vida, com as pessoas e com você mesmo. Não tem erro, você terá sucesso, será feliz e fará feliz os que estiverem à sua volta!

Fiz todo este preâmbulo para falar de forma facilitada sobre minha história profissional no mundo das telecomunicações. Para que possam entender como uma menina que aos sete anos ainda dormia em um berço se tornou a CFO de uma grande empresa, em um setor extremamente dinâmico e competitivo.

Comecei a trabalhar na Algar Telecom com 20 anos de idade, antes disto já tinha passado por duas empresas pequenas, mas importantes para a definição do que eu iria estudar. Comecei a trabalhar com 16 anos num escritório de contabilidade, que me abriu as portas para o mundo das finanças. Aprendi um pouquinho sobre cada processo naquele escritório e resolvi que iria fazer faculdade de Ciências Contábeis. Mas com 16 anos eu tinha que trabalhar para ajudar em casa e tive que fazer o final do ensino médio no período noturno. Não podia pagar uma faculdade, então eu precisava passar no vestibular da universidade federal. Mais uma vez era improvável que isso acontecesse, estudei em escolas públicas a vida toda e estava fazendo o 3º ano à noite para poder trabalhar. Mas, coloquei em prática o que aprendi cedo, era meu sonho e eu iria conseguir. Sonhei, acreditei, estudei, trabalhei, me dediquei, rezei, pedi e deu certo (não falha... rs). Após entrar para a Universidade Federal de Uberlândia, consegui passar no processo de seleção para trabalhar na holding de um dos maiores grupos empresariais do Brasil, o Grupo Algar. Comecei como assistente contábil, fui aprendendo, buscando, recebendo treinamentos, absorvendo conhecimento e crescendo na empresa. Em certo momento da carreira surgiu um novo sonho, me dei conta de que podia mais, eu queria ser executiva, queria uma carreira gerencial.

Entrei na Companhia em 1990, me casei em 1991, tive minha primeira filha em 1992. Nessa ocasião então eu trabalhava, era mãe, esposa e fazia faculdade à noite. Não é difícil imaginar como foram esses anos, sei que muitas mulheres se encontram agora nesta mesma situação. Minhas palavras: não desistam! Essa fase vai passar e ela é muito importante para o que você vai se tornar. Confie, vai dar certo!

Em 1994 meu primeiro casamento acabou, não deu certo. Éramos novos e imaturos, não soubemos lidar com as dificuldades. Mas, como eu disse, temos que agradecer também pelas derrotas, elas são importantes demais. Encontrei meu amor e nos unimos em 1995, eu e Vilkes estamos juntos até hoje e com certeza continuaremos assim para sempre. Em 1996 meu segundo filho nasceu.

Durante todos esses anos, o sonho de me tornar executiva continuava ali, tive momentos difíceis? Claro. Pensei em desistir? Claro. Mas minha base era forte, meu apoio era sólido e eu consegui! Primeiro fui gerente de Crédito e Cobrança, cargo este que foi determinante para minha vida executiva. Ali aprendi que o técnico era importante, porém o fundamental eram as pessoas. Aprendi que o líder precisa facilitar o caminho, desembaraçar os nós e fazer brilhar a estrela do seu time. Aprendi que tinha que ser uma entrega e tinha que ter sinceridade e dedicação ao servir.

Deu muito certo!

Telecomunicações é um setor dinâmico, vivo e em constante evolução. Tecnologia e Inovação são parte integrante do *business* e a única certeza que temos é que nada permanecerá por muito tempo como está.

Neste universo instigante, fui trilhando meu caminho. Sem me esquecer de como tudo começou, da minha origem, sem me esquecer de quem estava sempre ao meu lado e tendo em mente que precisava ajudar as pessoas que cruzavam o meu caminho. O sucesso de um líder é o sucesso do seu time. Tive um crescimento horizontal muito relevante em que pude conhecer e aprender sobre todas as áreas da Diretoria Financeira. Tive oportunidade de liderar todas: faturamento, financeiro, planejamento, compras, logística, controladoria, fiscal. Sempre em meio ao dinamismo do setor, cada área e cada ano com seus desafios específicos, uma jornada realmente especial e abençoada. Sonho, ação, gratidão, generosidade, sempre. Em 2004 nasceu minha terceira filha (e última). Já tinha a Thais com 13 anos na ocasião, o João Vitor com nove e, de forma não programada, veio a Ana Luiza. Lembro-me de como a notícia nos assustou num primeiro momento. Estava num ritmo frenético no trabalho e acredito que a Ana precisava chegar para ajudar nesse equilíbrio, vida pessoal x vida profissional. Ela veio e completou nossa família, nos fazendo ainda mais fortes.

Passados alguns anos assumi a Diretoria Financeira e de Relações com Investidores, posteriormente fui diretora de Controladoria e mais recentemente, de forma interina, vice-presidente Financeira.

Sim, uma carreira de muito sucesso, cheia de desafios, com muitas vitórias e algumas derrotas, uma jornada muito feliz.

E como os sonhos sempre fizeram parte da minha vida, estou agora em uma fase de transição de carreira. Planejando a minha nova grande jornada.

Sonhando, planejando e colocando em prática as ações para que mais sonhos virem realidade. Sendo grata em todas as etapas, mantendo a generosidade no coração.

Às mulheres que estão agora sonhando com suas carreiras, pensando em como fazer acontecer o crescimento profissional mesmo com tantos outros papéis sob sua responsabilidade. Como ser boa mãe, acompanhar o desenvolvimento dos filhos, educar, ser boa esposa, boa amiga, cuidar da família e, ainda assim, conseguir investir em suas carreiras. A você em especial, deixo minha principal mensagem:

– Confie em você, mantenha sempre o coração aquecido com seus sonhos, acredite e visualize seu sucesso. Tenha sempre em mente o motivo pelo qual está buscando estes sonhos. No equilíbrio dos diversos pratinhos, separe os de louça e cristal, esses não podem cair. Se alguém a desmerecer pelo caminho, não der o seu devido valor, simplesmente deixe passar, ninguém vai tirar o seu brilho se você realmente entender que o possui. Seus filhos querem ter orgulho de você, não pena. É possível conciliar, é possível realizar. Seja grata. Seja generosa. Seja feliz!

O baú e a bússola

Maria Teresa Azevedo Lima

Mãe orgulhosa de Leandro, Irene, Bárbara e Daniel. Avó coruja de Catarina, Luisa, João Pedro e Mariana. Esposa e companheira de Eduardo Levy. Sogra, admiradora de Cláudia, Thiago e Andrej. Engenheira especializada em telecomunicações, formada pela Universidade de Brasília em 1978. Diretora executiva em empresa multinacional de telecom e TI, nos últimos 25 anos. Curiosa, observadora, apaixonada por viagens, amigos, leitura, cinema, bons vinhos e boa conversa. Sempre aberta a aprender. Uma mulher feliz e de bem com a vida.

LINKEDIN

O baú e a bússola

Nesta altura da vida, longe de mim pretender ser dona da razão e confesso que, hoje, tenho bem mais dúvidas que certezas.

Entretanto, uma das poucas certezas é acreditar que ser feliz é uma questão de escolha. Assim, nada mais natural que escrever sobre as escolhas que me fizeram chegar até aqui.

Venho de uma família de classe média. Pai jornalista e analista político, de quem herdei a curiosidade e a paixão por leitura e política, e mãe professora de língua portuguesa, de quem puxei determinação, coragem e ousadia. Primogênita e única mulher entre três filhos, formávamos uma família muito feliz e amorosa.

Mudamo-nos para Brasília em maio de 1960. Tenho muito orgulho de ser candanga. Afinal, é um privilégio poder participar da construção de uma cidade. A arquitetura moderna, os amplos espaços, o céu exuberante – mar de Brasília, como bem disse o poeta -, a terra vermelha e o sistema educacional inovador da nova Capital moldaram minha personalidade e iluminaram meu espírito.

Como *baby boomer*, vivi um período de grandes revoluções culturais, políticas e de costumes. Tempos intensos de *rock'n'roll*, Tropicália, feminismo, luta contra o racismo, golpe de 1964, ditadura militar e movimentos de 1968. Sou de uma geração que queria mudar o mundo e enfrentar os conceitos e preconceitos de uma sociedade patriarcal e autoritária. Confesso que, passados 60 anos, continuo querendo.

Cresci ouvindo que educação e conhecimento são os bens mais preciosos e a herança mais valiosa. As regras em casa eram simples: estudar e tratar as pessoas com educação. Para a única filha, uma regra adicional era sussurrada com frequência por minha mãe: "Casamento é opção e não profissão. Assim, escolha uma profissão que a torne independente e a realize". Pensando que esse conselho me era dado no início dos anos 60, posso dizer que minha mãe era revolucionária e estava à frente de seu tempo.

Ótima aluna, tinha especial predileção por matemática e física e desejava seguir uma carreira promissora, que me proporcionasse a almejada independência. Por exclusão, a escolha da Engenharia Elétrica foi natural e em 1974 entrei na Universidade de Brasília (UnB).

Éramos seis Marias na turma de 35 alunos. Na foto de formatura, apenas eu apareço entre 22 rapazes da turma de eletrônica.

Sempre fui tratada com respeito e não me recordo de qualquer discriminação ou atitude misógina por parte de colegas e professores, com os quais ainda hoje mantenho relação de amizade e encontros mensais, em que, entre chopes e pizzas, falamos sobre a vida, família, viagens e saúde.

Conduzi a formação para a área de telecomunicações e estagiei por um ano na Telebrás, holding do sistema brasileiro de telecomunicações, o que me deu a certeza de que tinha encontrado a área na qual me realizaria.

Pouco antes da formatura, em julho de 1978, surgiu uma vaga em outra divisão da *holding* e, com a torcida de todos os colegas do departamento, apresentei minha candidatura. O gestor responsável pela área, após elogiar meu currículo e reconhecer as ótimas referências dos profissionais com os quais estagiei, declarou que não seria contratada porque, por ser jovem, iria ter filhos e isso exigiria longos afastamentos da empresa. Pela primeira vez na vida senti a dor e a revolta causadas por misoginia.

Foi o primeiro aprendizado profissional que depositei no baú virtual onde está guardada a bússola valiosa que conduz minha carreira.

Lição número um: jamais discriminar, pois a discriminação machuca.

Escolhi seguir em frente e, no dia seguinte à formatura, assinava o contrato de trabalho com a Telebrasília, operadora de telecomunicações do Distrito Federal.

Foi uma excelente escolha. Ao invés de ficar sentada no conforto de um escritório, pude colocar a mão na massa, experimentar o dia a dia da operação, atuar em diversas áreas e estar na linha de frente com os clientes, nossos verdadeiros mestres.

Logo nos primeiros dias, o desafio de contratar e gerenciar uma equipe de técnicos. Dei-me conta que havia aprendido coisas complexas no curso de Engenharia, mas nada sobre seleção ou liderança de pessoas. Fui buscar referências na mala de ferramentas dos valores familiares e nos exemplos de profissionais com os quais estagiei e com quem trabalhava.

Aqui, um reconhecimento ao meu primeiro gestor. Ricardo Ferrer foi um grande exemplo de líder com quem tive a sorte de iniciar a carreira. Inteligente, experiente e paciente com aquela equipe de engenheiros recém-formados, ávidos por aprender e cheios de lacunas. Éramos como sementes plantadas em solo fértil. E ele foi um ótimo jardineiro.

O desafio contribuiu para encher um pouco mais o meu baú de estimação.

Lição número dois: aconselhe-se com os mais experientes e confiáveis e, em qualquer situação, não despreze sua intuição.

Para liderar uma equipe de técnicos, todos homens, a maioria mais velhos que uma engenheira recém-formada e inexperiente de 22 anos, os ensinamentos, tantas vezes ouvidos na infância, mostraram-se valiosos e foram depositados cuidadosamente no baú: trate os outros como deseja ser tratada.

A vida seguiu seu rumo. Casei-me e formei uma família com três filhos maravilhosos, razão do meu viver. Verdadeira aventura viver a jornada de mãe, engenheira, gestora, conciliar trabalho, agenda das crianças, necessidade de acompanhá-las às consultas e eventos escolares e de afastar-me quando estavam doentes – o que, devo confessar, com três filhos, acontecia com frequência –, sem que isso afetasse meu desempenho. Não é fácil, mas todos sobrevivemos. Inclusive os filhos.

A aventura mostrou-se ainda mais intensa quando me separei. Humildemente, precisei pedir ajuda e me organizar.

O baú armazenou mais uma lição: organize uma rede de apoio e mantenha a calma. Acredite que é possível superar as adversidades, sem precisar abandonar a carreira.

Antes de retomar a narrativa sobre a carreira, registro um capítulo doloroso que marcou minha família, fazendo-me reavaliar o que verdadeiramente importa em minha vida.

Aos 51 anos, minha mãe foi diagnosticada com Alzheimer. Uma mulher brilhante e cheia de energia apagou-se aos poucos e permaneceu em estado vegetativo por mais de 30 anos.

É uma doença que maltrata o doente e toda a família. Ver meu pai cuidar dela com paixão e carinho foi a maior lição de amor que recebi. Hoje, a palavra resiliência me remete a ele, que soube levar, com leveza, uma carga tão pesada.

Vem dessa época a quinta lição que depositei no baú e que fez a agulha da minha bússola buscar um novo Norte: reavalie quais são as coisas verdadeiramente importantes em sua vida, pois ela é breve. Por que perder tempo com o que não importa?

Retornando à narrativa sobre a carreira, na década de 80 li um livro que tocou profundamente meu coração. "Homens, Engenharias e Rumos Sociais", de Gilberto Freyre, confirmou minha crença sobre o que almejava da minha profissão e qual era meu propósito. Freyre defende a tese de que a Engenharia só tem valor se servir à sociedade e contribuir para a justiça social.

O livro faz parte do meu baú. Servir ao próximo e colocar os conhecimentos em prol da sociedade é a minha sexta e valiosa lição.

E, sempre tendo em mente esse papel social da Engenharia, vi, ao longo dos anos, a tecnologia evoluir e o mercado se transformar.

Iniciei numa empresa estatal e monopolista, que vendia apenas um produto: telefonia fixa. Filas de espera por uma linha telefônica, considerada um bem valioso, a ponto de ser declarado no imposto de renda. A incapacidade de atender à demanda criou um novo negócio de empresas que viviam de comprar e vender telefones no mercado paralelo, algo impensável nos dias de hoje.

As centrais eletromecânicas foram substituídas por centrais digitais e vi surgir a telefonia móvel e seus aparelhos caríssimos, que mais pareciam tijolos, mas que, rapidamente, se tornaram objeto de desejo da população.

De novo, a empresa não conseguiu responder ao mercado e as filas se multiplicaram. Ficou famoso o evento da abertura de vendas de linhas móveis no Distrito Federal, em 1991, quando a empresa decidiu abrir inscrições por telefone. O sistema telefônico da capital colapsou devido ao enorme volume de interessados, que passaram o dia tentando fazer parte da lista de sortudos. Imaginem a capital federal sem comunicação por mais de 24 horas, sem serviços de emergência, segurança e de saúde? Foi exatamente o que aconteceu.

Mais uma preciosa lição para o baú: ouça o cliente e procure antecipar-se a suas demandas e, quando resolver inovar, o faça com cautela e pensando em encantar e em oferecer a melhor experiência. Refletindo sobre esse fato, concluo que, para mim, nascia ali o conceito de *customer experience*, tão em voga atualmente.

Pouco depois, o governo liberou as operadoras estaduais a oferecer serviços de comunicação de dados, competindo com a Embratel, empresa de longa distância do Sistema Telebrás, abrindo um novo mercado até então dominado por uma companhia de excelência.

As evoluções tecnológicas trouxeram a consciência da necessidade de investir em aprendizado contínuo, para evitar que o diploma se transformasse em peça de museu. Escolhi diversificar a formação, nas áreas de marketing, gestão e teleinformática, participar de eventos setoriais e dedicar tempo à leitura. Este é um capitulo relevante guardado no baú e que nunca sai de moda: estudar e aprender sempre, para não sucumbir à passagem do tempo.

Nos idos de 1995, surgiu a oferta comercial da internet no país, inicialmente prestada pela Embratel, em regime de monopólio. Em uma decisão acertada, o governo acabou com o monopólio e abriu o mercado para que provedores de acesso à internet pudessem oferecer seus serviços, por meio de acessos discados.

Como gerente de grandes clientes da companhia, coube a mim descascar esse indigesto pepino. Num curto intervalo, empreendedores interessados em contratar E1s – produto indisponível àquela altura - ou linhas telefônicas buscavam a empresa, tal qual uma corrida do ouro do Velho Oeste. Pedidos de cem, duzentas, quinhentas linhas surgiam todos os dias.

As filas de espera continuavam enormes, os processos de expansão eram morosos e as resistências internas quase intransponíveis. Combinação perfeita para desanimar qualquer profissional. Mas desistir não combina comigo.

Imaginar que Brasília, a moderna capital, ficasse fora da onda de internet me tirava o sono. Identifiquei uma central em vias de ser inaugurada na quadra 507 Norte e negociei com a direção destinar parte dessa central para atender os provedores de internet. A primeira parte da equação estava quase resolvida. Mas os recursos para expandir a rede externa também eram limitados, o que exigiu traçar um raio de 500 metros da central e orientar os interessados a procurarem se instalar nessa área. Assim surgiram os primeiros provedores de internet no Distrito Federal.

E lá foi mais um precioso aprendizado para o baú: desistir? Jamais. Com criatividade e persistência, sempre é possível encontrar uma alternativa.

A privatização das telecomunicações foi um marco em minha vida pessoal e profissional.

Convidada para trabalhar na assessoria da Diretoria de Engenharia da Telebrás em 1996, topei o desafio. O processo da privatização estava começando e passei a fazer parte do grupo de trabalho formado por todas as empresas regionais e que tinha como objetivos prepará-las para a venda e assessorar as consultorias contratadas que proporiam o modelo a ser adotado para o leilão.

Quando o então Ministro Sérgio Motta bateu o martelo e definiu a venda em quatro lotes, a saber, Telemar, Tele Centro Sul – futura Brasil Telecom -, Telesp e Embratel, o grupo passou à fase dois: integrar infraestruturas e sistemas das duas primeiras, buscando sinergias e eficiências operacionais e, ao mesmo tempo, segregar os ativos compartilhados entre empresas de lotes distintos.

Terminada essa etapa, era hora de organizar os *data rooms* para os investidores e, diariamente, receber e responder seus questionamentos. Uma exaustiva maratona. Solitariamente, ao catalogar os questionamentos ficava claro qual era o interesse de cada investidor, informação que guardava em segredo e que pude confirmar ao assistir ao leilão pela televisão, no dia 29 de julho de 1998.

Orgulho-me de ter feito parte de um projeto de tamanha complexidade técnica, em prazo tão exíguo e que mudou o cenário das telecomunicações do Brasil.

No baú, guardo com alegria a lição de que a superação de grandes desafios traz consigo enorme realização profissional.

Durante esse período, tive a felicidade de conhecer meu atual marido. O que começou como admiração profissional evoluiu para um relacionamento marcado por amor, respeito, cumplicidade e parceria. Devo à privatização a felicidade de ter uma linda família, ampliada com mais um filho, fruto do casamento anterior do meu marido.

Com a missão da privatização concluída, precisei fazer novas escolhas. Atuei por algum tempo na Anatel, quando tive a oportunidade de estudar leis e regulamentos do setor e entender a lógica dos reguladores, conhecimento que até hoje é muito útil. A vontade de atuar na iniciativa privada motivou-me a aceitar o convite para fazer parte da Embratel, onde estou, feliz, há 25 anos.

Durante esses anos, passei por diferentes modelos de gestão, mudanças organizacionais e participei de projetos importantes, tais como levar fibra ótica a Manaus pelo rio Amazonas, fornecer infraestrutura e serviços para as eleições, realizar uma Olimpíada, implantar redes de dados a nível nacional, entrar no mercado de *cloud* e garantir a educação de alunos de escolas públicas durante a pandemia. São tantos que justificariam um novo capítulo.

Vai longe o tempo dos telefones fixos. Atualmente, minha missão é apoiar os clientes do setor público em seus processos de transformação digital, oferecendo soluções de conectividade, mobilidade, *cloud*, serviços profissionais, *data analytics*, segurança cibernética, inteligência artificial, entre tantas outras.

Sem modéstia, posso afirmar que os resultados alcançados são excepcionais. Menos por mérito próprio e mais pela atuação de um time de excelência caracterizado por sua diversidade.

No baú, o aprendizado de que os diferentes se complementam e realizam coisas inacreditáveis.

Atuando em ambiente altamente competitivo, vitórias e derrotas fazem parte do meu dia a dia. Contar com lideranças capacitadas, inspiradoras e que olham para frente com otimismo e confiança é determinante para o sucesso, assim como cuidar das pessoas e oferecer oportunidades para que brilhem. Mais uma preciosa lição para o baú.

Diariamente abro o baú e miro a bússola que me conduz rumo à realização profissional e pessoal e que me faz feliz. Ele não tem chaves ou trancas e está sempre aberto para receber novas lições.

Nessa jornada, nada mais aplicável que o conselho de Jeff Bezos: "Trabalhe duro. Divirta-se. Faça história". É o que tento fazer diariamente, com paixão, há mais de 45 anos.

Estou certa de que minha bússola e as lições depositadas no baú não são verdades absolutas nem se aplicam, necessariamente, a todas as pessoas. Para você que leu até aqui, o que posso sugerir é que abra seu próprio baú, mantenha-o sem chaves e guarde aprendizados, experiências, valores e propósito. São eles que irão fazer vibrar a agulha de sua bússola rumo ao Norte onde repousam a realização e a felicidade.

Que tal inaugurar seu baú com as palavras inspiradoras de Steve Jobs?

"O trabalho vai preencher uma grande parte de sua vida e a única maneira de ficar completamente satisfeito é fazer o que acredita ser um bom trabalho. E a única forma de fazer um bom trabalho é amar aquilo que você faz. Se você ainda não descobriu o que é, continue procurando. Não se acomode. Da mesma forma que acontece com as coisas do coração, você vai saber quando encontrar."

Meus votos de boas escolhas na sua bela jornada.

Engenharia é coisa de mulher!

Marina Kallas

É mineira, nascida em Santa Rita do Sapucaí, filha de pai imigrante libanês e mãe italiana. É mãe do Rafinha e tutora de três gatos. Atualmente, mora em Barueri – SP, mas já viveu no Rio de Janeiro, Porto Alegre, Londres e São Paulo. Graduou-se em eletrônica pelo curso técnico da ETE "Francisco Moreira da Costa" em 2000 e em Engenharia de Telecomunicações pelo Inatel (Instituto Nacional de Telecomunicações). Possui pós-graduação em Gestão de Projetos pela FGV e MBA em Marketing pela Business School, SP. Trabalhou em grandes multinacionais, como Nokia, Tim, Vivo e Serasa Experian, e atualmente é gerente de Implantação Sênior na Arklok Tecnologia. Além disso, é fundadora do Inatelinas (grupo de engenheiras ex-alunas do Inatel) e do Coletivo Marias, um grupo que auxilia mulheres no enfrentamento da violência doméstica.

LINKEDIN

Cair em obstáculos é normal, só não se deixe afundar neles

Estive refletindo sobre essa frase que veio à minha mente antes de começar a escrever este capítulo. Como engenheira de Telecomunicações com uma carreira exclusivamente técnica por uma década, enfrentei inúmeros obstáculos. Tive que lidar com obstáculos de gênero, receber um salário inferior ao dos colegas homens, sofrer assédio moral e, infelizmente, sexual. Alguns desses desafios enfrentei em silêncio, temendo expor o que estava passando. Em outros momentos, resolvi falar, mas não fui acreditada, nem mesmo pelo RH de uma grande empresa. "Você está histérica", disse a consultora de RH.

– Mas eu sofri um assédio sexual, como eu deveria estar? Calma e relaxada?

Depois dessa conversa percebi que a frase abaixo fazia todo o sentido:

> "O opressor não seria tão forte se não tivesse cúmplices entre os próprios oprimidos." Simone de Beauvoir

Para que entendam por que o machismo sempre me afetou muito mais, precisamos voltar às minhas origens.

A pequena revolucionária

Sou a última filha viva de um pai imigrante libanês e uma mãe descendente de italianos. Em casa, como em muitas famílias na década de 80, havia uma grande diferença na criação de meninos e meninas. Desde pequena, eu me incomodava com o fato de que as meninas tinham que limpar a casa enquanto os meninos só precisavam brincar.

Cresci em um ambiente com recursos financeiros escassos, em uma casa muito pequena. Naquela época, crianças de quatro anos já ficavam sozinhas em casa enquanto os pais trabalhavam, pelo menos era assim na minha casa. Com apenas cinco anos, sofri um acidente doméstico e fraturei meu nariz, que, após cicatrizado, não ficou com uma aparência simétrica. Isso resultou em *bullying* durante toda a minha infância e adolescência, afetando muito minha autoestima.

Retomando a questão sobre a criação, a faculdade de Engenharia estava a menos de 200 metros da nossa casa. Minha irmã, que é 12 anos mais velha do que eu, desejava fazer esse curso, mas meu pai foi enfático ao afirmar que era uma área para homens. Embora houvesse poucas mulheres na faculdade, isso não deveria ter sido um obstáculo para seguir seu sonho. No entanto, ela acabou desistindo, decidiu trabalhar e estudar Administração de Empresas em outra faculdade da nossa pequena cidade.

Naquela época, na escola, também havia uma clara diferença de gênero. Eu adorava jogar futebol, mas uma professora dizia que isso era coisa de menino. Havia, portanto, limitações evidentes para meninas e mulheres na década de 80. Para terem uma noção, a mesma professora falava que eu iria "virar" sapatão por conta do futebol, como se ser lésbica fosse algo totalmente ofensivo.

Fui crescendo sempre questionando essas distinções, tanto em casa quanto na escola. Com 12 anos, recordo-me de estar sentada em frente à nossa casa e ver algumas jovens voltando da faculdade de Engenharia, incluindo uma que é hoje minha amiga, Flávia Letícia! Daí consegui perceber logo cedo que o conceito que meu pai falava era algo do machismo da época, ou seja,

Engenharia também é coisa de Mulher!

Aos 14 anos, perdi meu pai devido a um problema no coração, o que foi uma grande dor para mim, pois ele era meu melhor amigo, mesmo com a diferença de cinco décadas entre nós (ele tinha 56 anos quando eu nasci). Após sua morte, em 1997, decidi ingressar no curso técnico de eletrônica e, em 2000, passei no vestibular para Engenharia. Sem condições financeiras para arcar com as mensalidades, minha irmã Regina, que não pôde seguir a carreira de Engenharia por causa do machismo dos anos 80, me ajudou com os custos até que eu conseguisse um Financiamento Estudantil. Ela sempre me apoiou muito, e compreendo o desejo dela de me ver realizar o sonho que ela mesma não conseguiu concretizar.

Três coisas bem difíceis que passei na adolescência foram o bullying praticado por colegas meninos, violência doméstica e o falecimento do meu pai.

O fato de eu ter escolhido seguir a carreira de Eletrônica e Engenharia levou um dos meus irmãos a me agredir várias vezes. Fui espancada repetidamente apenas por querer estudar em uma área considerada masculina. Para ele, eu estava mais interessada em buscar homens do que em estudar.

Para piorar, perdi minha mãe em 2003 e terminei a faculdade sem meus pais. Foi uma época extremamente difícil, mas eu sempre acreditei que o estudo e o trabalho poderiam transformar minha vida.

Após me formar, me mudei para Porto Alegre, no Rio Grande do Sul, e comecei a mergulhar mais profundamente no mundo da Engenharia. Confesso que, durante a faculdade, enfrentei machismo e, em alguns casos, talvez tenha até reproduzido atitudes semelhantes. No entanto, não esperava que no meu primeiro emprego CLT já encontrasse um chefe abusador.

Chegou ao ponto de, após eu retornar ao trabalho depois de uma cirurgia reparadora no nariz, ele comentar que seria melhor se eu tivesse feito uma cirurgia para aumentar os seios. Além disso, ele me fez convites inaceitáveis para ir a casas de *swing* com ele. Na época, eu tinha apenas 23 anos, pouca experiência na área e nenhum conhecido na cidade. Era, sem dúvida, uma vítima perfeita para um machista. Após um ano e meio de sofrimento e isolamento, devido à minha recusa em aceitar seus insistentes convites, fui demitida e decidi ir estudar inglês em Londres.

> *"No Brasil, o assédio sexual é crime, definido no artigo 216-A do Código Penal como 'constranger alguém com o intuito de obter vantagem ou favorecimento sexual, prevalecendo-se o agente da sua condição de superior hierárquico ou ascendência inerentes ao exercício de emprego, cargo ou função'."*

De volta ao Brasil, trabalhei em várias empresas no setor de telecomunicações. Em uma delas, os projetos que eu elaborava eram constantemente reprovados na fase de implantação. Suspeitando que isso poderia estar relacionado ao fato de eu ser mulher, combinei com um colega engenheiro que sentava ao meu lado para que assinássemos os projetos um do outro. Como resultado, **o projeto que eu assinei**, mas que era de responsabilidade dele, foi o único reprovado.

Com essa evidência em mãos, fui questionar o gerente de Implantação. Ele simplesmente admitiu que acreditava que mulheres engenheiras não eram adequadas para a área técnica, alegando que, como conheceu uma engenheira que não gostava da profissão, todas as mulheres engenheiras compartilhavam esse desinteresse. Essa foi uma clara demonstração da generalização injusta sobre grupos minorizados.

Também enfrentei situações em que meu salário era menor que o de colegas realizando a mesma função e com o mesmo tempo de carreira. Era evidente que os homens eram contratados com salários mais altos. Essa discrepância se tornou ainda mais clara quando comecei a gerenciar equipes e pude observar a diferença salarial entre homens e mulheres, como também entre brancos e negros. Não se pode negar o que as estatísticas mostram: mulheres ainda ganham menos que homens brancos no Brasil, e mulheres negras ganham ainda menos que mulheres brancas.

Em 2020 a ONU comunicou que:

> *"No ritmo atual, a desigualdade salarial entre homens e mulheres só acabará em 257 anos".*

Isso só mudará se agirmos. A responsabilidade não recai apenas sobre o Estado, mas também sobre as empresas e seus líderes, para garantir a igualdade salarial. Como líder, sempre busquei igualar o máximo possível os salários entre homens e mulheres sob minha liderança. Muitas vezes, a diferença chegava a impressionantes 40%. Isso revela que líderes anteriores não tomaram medidas para reduzir ou equiparar as diferenças salariais, mesmo quando se tratava de homens e mulheres no mesmo cargo, com idade e experiência semelhantes.

Outra coisa que enfrentei atuando como engenheira foi o **assédio moral** e sexual, que prejudicou gravemente minha saúde mental e minha carreira. Sem esses obstáculos, eu poderia ter começado a liderar uma área uma década antes.

Para enfrentar esses problemas no ambiente corporativo antes de 2014, investi muito em terapia e tentei levar cada dia no trabalho de acordo com o que acontecia. Acabei me tornando mais irritada e hostil como uma forma de proteção para evitar que outras pessoas repetissem o mesmo comportamento comigo. Eventualmente, em 2014, decidi migrar da Engenharia para a área de Produtos.

Na área de Produtos, percebi que o machismo era menos predominante, mas não deixava de existir. Havia mais mulheres e podíamos nos expressar e ser ouvidas com mais igualdade. Além disso, eu era menos interrompida em reuniões e apresentações, e não enfrentei assédio moral de nenhum dos meus líderes, muitos dos quais sequer haviam cursado Engenharia.

Desenvolvi minha carreira de forma mais tranquila e melhorei meu diálogo com as pessoas. Tive o Rafinha, meu único filho, em 2016. Quando assumi uma posição de liderança, foi um homem quem acreditou em mim. Tornei-me gerente de uma área de locação de equipamentos de microinformática e, embora eu possa ter cometido erros, busquei não repetir as falhas que enfrentei no passado. Pratiquei a escuta ativa, elogiava os colaboradores e engajava a equipe. No entanto, fiquei chocada ao perceber a magnitude da diferença salarial entre homens e mulheres desempenhando a mesma função, especialmente considerando que estas estavam trabalhando com muito mais empenho.

Ano após ano, trabalhei arduamente para corrigir a disparidade salarial entre homens e mulheres na minha equipe. Mesmo como líder, eu ganhava menos que um dos meus colaboradores homens — uma situação inaceitável. Além de equiparar o salário das mulheres da minha equipe, também reclamei por dois anos e meio até conseguir o meu próprio aumento de 30%, a diretora, que era minha líder indireta, ajustou meu salário e reconheceu meu mérito. Falando em liderança feminina, sempre desejei ter uma líder mulher, mas, em 20 anos de carreira, todos os meus líderes diretos foram homens.

Tive uma experiência marcante com uma líder feminina indireta, a diretora da área de Produtos da Vivo em 2018, que se destacava pela gentileza e respeito com os funcionários. Durante uma mentoria com ela, Maria Claudia Ornellas, compartilhou um exemplo inspirador de liderança humanizada: o momento em que pediu desculpas a um funcionário. Esse episódio me motivou a adotar essa mesma postura, prometendo tratar as pessoas que estivessem sob minha liderança com o respeito que sempre desejei receber. A história evidencia como gestos que parece simples, como pedir desculpas e demonstrar empatia, podem fazer toda diferença no ambiente de trabalho, mesmo que nem todas as lideranças ajam dessa forma no mundo corporativo. A liderança da Maria Claudia é um exemplo que levo para a vida.

Uma das minhas primeiras experiências com uma liderança feminina me fez mudar de perspectiva e perceber que infelizmente nem sempre as mulheres apoiam outras mulheres. Sempre fui meio Poliana, acreditando que as mulheres poderiam e deveriam apoiar uma às outras, principalmente as que ressaltavam serem feministas. Percorri um longo caminho até conseguir uma gestora sênior e esperava uma liderança humanizada e respeitosa. No entanto, encontrei exatamente o oposto: uma liderança desumanizada, que nem sequer cumprimentava os subordinados com um bom-dia e usou um desabafo rotineiro como arma contra mim, o que foi extremamente desrespeitoso. Foi então que percebi que eu mesma estava discriminando lideranças, separando-as entre feminina e masculina, com expectativas diferentes para cada uma.

Não generalize; frequentemente há aspectos que você **ainda não teve a oportunidade de conhecer.**

Meu erro foi acreditar que não havia diversidade entre as líderes femininas e não reconhecer que, devido à opressão prolongada, havia uma geração de líderes, assim como eu antes de me tornar líder, que eram mais diretas, secas e consideradas duras. O aprendizado que tirei disso foi a importância de não generalizar, e entender que boas lideranças existem tanto entre homens quanto entre mulheres.

Superei muitos traumas ao longo da minha jornada como engenheira. Junto com uma amiga também engenheira, Andreza Lemes, conhecida como Zazá, fundamos em 2021 um grupo de mulheres engenheiras com o qual realizamos mentorias, compartilhamos conhecimentos e indicamos oportunidades de emprego — um verdadeiro exemplo de sororidade. Esse grupo se mantém vivo e ativo ainda em 2024 e se chama **Inatelinas**.

Aprendi que devemos acreditar em nós mesmas, mesmo quando o ambiente não nos dá apoio.

É crucial sermos corajosas e afetuosas, diretas e empáticas, e saber que podemos e devemos fazer as coisas de maneira diferente. Não precisamos seguir um padrão rígido, mas sim sermos autênticas. Embora seja desafiador, remover a máscara que usamos para nos proteger pode nos ajudar a criar conexões mais genuínas no trabalho e construir uma rede de contatos produtiva. Afinal, os homens são frequentemente muito eficazes em fazer *networking*.

Conselhos finais:

- Engenharia é, sim, uma área para mulheres! Embora ainda haja obstáculos, hoje em dia muitos desses desafios foram reduzidos. A maioria das empresas não tolera mais líderes tóxicos, há canais de denúncia disponíveis e um maior apoio às mulheres no ambiente de trabalho.
- Pratique o autoconhecimento.
- Trabalhe para fortalecer sua autoconfiança e autoestima; isso será essencial para o sucesso na carreira de engenheira.
- Acredite em si mesma, pois, quando enfrentar obstáculos, essa confiança será sua base.
- Faça *networking*: participe de *happy hours*, converse e ajude seus colegas. Essas ações farão uma grande diferença a longo prazo em sua carreira.
- Estude constantemente, pois a tecnologia está sempre evoluindo.

- Reconheça que a violência de gênero existe; nunca subestime a denúncia de outra mulher, ela tem 90% de chance de estar certa.
- Estabeleça limites e não aceite microagressões. Definir seus limites desde o início mostra que você está atenta aos seus direitos e deveres. Se alguém fizer uma piada sexista, não ria; não colabore com esse tipo de atitude. Muitas vezes, acabamos nos tornando cúmplices dessas ações.
- Por fim, não leve tudo tão a sério. O trabalho deve ser prazeroso. Faça amizades, convide colegas para um café, e lembre-se: isso valerá a pena!

> **"A Engenharia não é apenas uma profissão; é uma oportunidade de transformar o mundo." – Dr. Mae Jemison**, *a primeira mulher negra a viajar para o espaço.*
>
> **"Eu sempre disse que, se você não pode fazer algo, então você deve aprender a fazer." – Hedy Lamar –** *criou a base da tecnologia para aparelhos de comunicação sem fio.*
>
> **"Você pode fazer qualquer coisa se tiver a vontade e a coragem para enfrentar os desafios." – Radia Perlman**

Determinação, resiliência
e ousadia nos levam
acima e além

Marta Correia de Oliveira

Executiva, consultora, conselheira, auditora e investidora. Sólida e abrangente experiência em multinacionais de grande porte no Brasil e no exterior, com foco em planejamento estratégico, gestão, governança, estratégia, auditoria e tecnologia. Casada com o Selmo e mãe da Patricia. Atua há mais de 30 anos nos setores de telecomunicações, petróleo & gás, energia, transporte e indústrias civil e de bens de consumo, em especial na Embratel, Oi, Petrobras, Petroquisa, BAT, Midea, Technip, Ball, BearingPoint, Capgemini. Engenheira de telecomunicações, economista, com pós em TI e economia internacional; MBA em *management*. Conselheira certificada pela Board Academy, fez PFCC, CNP e IA e é membro do Comitê de Governança e Estratégia Empresarial. E também conselheira e investidora na SeniorTech Ventures.

LINKEDIN

Um pouco sobre mim

Nasci no Rio de Janeiro, numa família de classe média. Minha mãe também nasceu no Rio e sonhava ser médica, mas precisou trabalhar cedo, acabou deixando de lado a Medicina e foi fazer concurso público, tornando-se funcionária da Cedae (Companhia Estadual de Águas e Esgotos do Rio de Janeiro). Meu pai era gaúcho e veio de uma família de militares, porém ele não quis seguir carreira. Aos 18 anos foi trabalhar como locutor de rádio em São Paulo. Mas sua paixão eram os carros e ele logo descobriu que essa atividade era bem mais lucrativa. A partir daí ele começou a vender carros para todos os artistas, abandonando rapidamente a carreira no rádio e tornando-se comerciante.

Quando eu fui pra escola meus pais não tinham muitos recursos, porém consideravam a minha educação prioridade. Sorte a minha que pude estudar num bom colégio, onde aprendi muito além da educação tradicional; lá estudei também desenho arquitetônico e mecânico, corte e costura, tricô e crochê, música e canto.

Eu era uma criança tímida e penso que essa característica me tornou mais interessada em estudar, já que isso disfarçaria minha timidez. Na minha adolescência, influenciada por meus pais, que liam todo tipo de livros, e incentivada por professores, eu devorava livros, lia de tudo um pouco no afã do saber e aprender. Eu gostava de estudar de tudo, mas percebi pelo *feedback* de alguns professores que eu tinha maior aptidão para a matemática, o que me levou a escolher ser engenheira.

Porém, nessa época as mulheres não tinham muito espaço nessa área, ou eram donas de casa ou professoras. Mas eu queria mais que isso, queria ser independente e jamais depender de alguém para me sustentar. Queria ser uma dessas poucas mulheres da época a ter uma profissão respeitada, fazer o que gostava e não o que a sociedade esperava. Queria fazer parte da transformação e da visão da sociedade.

E sobre meu percurso

Primeiramente precisei vencer a resistência do meu pai, que achava que Engenharia não era uma profissão para mulheres. Foram muitas conversas e argumentações, mas consegui vários aliados na família, que me apoiavam e a quem muito tenho que agradecer. Em especial minha mãe, uma mulher incrível que sempre me apoiou e que por mim seria capaz de enfrentar qualquer obstáculo. Também meu padrinho e minha avó paterna foram apoios decisivos, pois viram em mim uma determinação e um potencial de aprendizado.

Eu adorava estudar, acabei fazendo dois vestibulares e passando nos dois, o que me levou a cursar duas faculdades simultaneamente, Engenharia e Economia. Período intenso, de muito aprendizado intelectual e pessoal.

No último ano de Engenharia comecei a trabalhar no grupo Globo (TV, jornal, rádio, editoras e produtoras). Fui estagiária e depois contratada. Trabalhei diretamente com a Diretoria, já que telecomunicações eram apenas um apoio ao negócio e, exatamente por essa razão, decidi não permanecer na empresa. Durante meu período lá atuei no dimensionamento e implantação de equipamentos de telefonia e dados, no suporte a grandes shows e programas de TV, em que a audiência nacional passava de 90%. Época ímpar, quando os *players* eram poucos e a concorrência incipiente.

Após essa experiência eu queria muito trabalhar em empresas de telecomunicações, onde eu pudesse expandir meus conhecimentos técnicos. Fui para uma empreiteira de telecomunicações, fazendo projetos de dimensionamento de equipamentos de telefonia, redes internas e externas e participando também da implantação desses equipamentos e redes. Nessa época participei de concorrências, negociei contratos e supervisionei equipes de instalação de redes e cabos em todo o Estado do Rio de Janeiro. Muita responsabilidade, no entanto meu contrato era de autônomo e eu queria mais estabilidade.

Nessa busca surgiu uma oportunidade melhor, um convite para me integrar ao grupo de engenheiros da Anatel - Dentel na época. Lá eu era funcionária e aprovava os projetos de serviços privados que se utilizavam de radiofrequências para a comunicação para pequenas, médias e grandes empresas. Participei também dos estudos para revisão da regulamentação das faixas de frequência das telecomunicações nacionais e internacionais.

E sobre as mudanças que nos impulsionam

Mas eu queria crescer mais profissionalmente e atuar em empresa grande, onde pudesse trabalhar em temas novos, transformantes. Após dois anos nesse trabalho consegui, através de amigos, uma ótima oportunidade, que me abriu novos horizontes profissionais e impulsionou minha carreira. Eu tinha quatro anos de formada e a posição era de profissional sênior, então, além de salto de cargo havia um compensador pacote de salário e benefícios. Após várias etapas de seleção e inúmeras entrevistas, fui trabalhar na Embratel, uma grande empresa de telecomunicações, na época estatal, mas que além de dinâmica possuía a cultura da inovação. Essa eu posso dizer que foi a mais importante etapa profissional da minha vida, foram 18 anos de grande aprendizado, muito trabalho, dedicação e amor pelo que eu fazia.

Iniciei na diretoria internacional em serviços básicos (telex, telefonia, circuitos dedicados, áudio e TV) e depois em serviços especiais (redes de dados públicas e privadas, para bancos, navios, aviões). Muitos produtos para conhecer e contribuir e ainda fazer a negociação junto às operadoras internacionais de telecomunicações para celebração de contratos e acordos de tráfego mútuo e atendimento a clientes.

Tive meu primeiro cargo de gerente com apenas oito meses de empresa e a partir daí só cresci profissionalmente. Havia oportunidades novas, à medida que a empresa se expandia e diversificava seu portfólio de produtos e serviços. Desde então eu comecei a participar das reuniões de diretoria, apresentando os resultados, submetendo inovações e criação de novos produtos. Porém tive muitos desafios a vencer, eu tinha 28 anos, era gerente e mulher numa empresa estatal dirigida por militares. Eu era a única mulher na época a participar do *board*.

Durante esse enorme processo de crescimento surgiam, dentro da própria empresa, novas áreas, produtos e projetos, fruto do ambiente de inovação que vivíamos e de profissionais visionários que levantavam novas ideias e impulsionavam a empresa para seu destaque e brilhantismo.

Num desses momentos, fui convidada a participar do lançamento da Renpac, rede de dados compartilhada que precisava desenvolver soluções de conexão entre a rede pública e os fornecedores de equipamentos, de modo a viabilizar a ligação de todos numa rede pública a nível mundial, interligando os computadores do mundo. Esse trabalho envolveu os principais fabricantes de computadores, das interfaces para compatibilização dos protocolos e criou uma oportunidade ímpar para novos desenvolvedores. Estávamos na rede precursora da internet de hoje.

Em 1988 já falávamos e usávamos inteligência artificial. Tive oportunidade de participar do desenvolvimento de um aplicativo de IA que calculava o dimensionamento de redes virtuais privativas, que eram partições das redes públicas, com gerenciamento e segurança. Esses cálculos que, normalmente, demoravam dias, passaram a ser calculados em minutos com a IA.

Durante seis anos eu gerenciei vários produtos e serviços e fui responsável pelo desenvolvimento e lançamento em âmbito nacional e internacional, incluindo estudos de estratégias de preço e atendimento ao mercado.

Nessa época foi criada uma gerência de projetos especiais, fruto de tantas particularidades dos grandes clientes que queríamos atender. Fui gerenciar essa área, dedicada a atender os clientes usando um mix de produtos e serviços. Participei do gerenciamento dos projetos, propostas e contratos complexos e concorrências *turn key* de redes integradas multisserviços e em parcerias com empresas como: IBM, Bradesco, Petrobras, Banco Real, Tecnologia Bancária, Shell, Fiat, Ford, Varig, Serpro.

Destaco aqui alguns dos projetos mais críticos e que requereram negociações complexas, aprovação do *board* da empresa e até mesmo aval do Ministério das Comunicações e de outros envolvidos. Neste caso se enquadrou o projeto que visava retirar as Forças Armadas da banda C, faixa de frequência que seria leiloada pelo governo e ocupada pelas operadoras de celular. Tínhamos que fazer a troca para outro serviço melhor e sem custo de migração. Esse projeto movimentou cinco ministérios, vários fabricantes e muita negociação, considerando os vieses político, estratégico e financeiro.

Tivemos também a criação da primeira rede nacional de meteorologia, que integrava dados de vários ministérios e órgão públicos: Inmet, do Ministério da Agricultura, INPE, da Ciência e Tecnologia, DHN, da Marinha, Cindacta, da Aeronáutica e DT, do Exército. Deste projeto sairiam as primeiras previsões meteorológicas nacionais, fruto do compartilhamento de equipamentos, verbas e especialistas do setor. Um marco histórico, inaugurado em solenidade ministerial em Brasília.

Outro *case* que merece destaque foi a criação da rede de quiosques do Banco 24 horas, junto com a TecBan, iniciada com 400 pontos operando transações em *real time*. Nenhuma outra empresa oferecia esse serviço usando rede de dados compartilhada até então. Tecnicamente e financeiramente houve imensos *gaps* a vencer.

Tínhamos o pioneirismo e a inovação na veia, na nossa cultura, e isso nos levava além. Foi nessa época que se iniciou o processo de privatização, lá pelo meio dos anos 90. A Embratel, considerada a *blue chip* do setor, começou a se preparar para essa nova fase e junto com isso novas oportunidades surgiram.

Uma nova fase profissional surgiu da privatização

Uma grande virada da minha carreira devo ao meu diretor na época, Mario Cesar Pereira de Araújo, que me indicou para ser a líder do processo de grandes contas, durante a preparação da Embratel para a privatização. Eu gostava muito de trabalhar em projetos especiais e não queria mudar para trabalhar com processos, achei a princípio que seria uma "roubada", reclamei, mas ele me disse que um dia eu iria agradecer por essa oportunidade, e sim, eu **agradeço** até hoje por essa oportunidade. Essa mudança me trouxe um aprendizado e uma visibilidade profissional incríveis. Tive a chance de ser um agente de mudança nessa onda gigante de transformação em que as telecomunicações viveram e surfaram.

Eu acumulava a gerência de projetos especiais com a liderança do processo de grandes contas, um dos seis escolhidos para ser desenhado junto com a Capgemini, contratada para esse trabalho. Foi um período intenso e transformador, muitos desafios e aprendizado, muita exposição e apresentações ao *board*, indicadores desafiantes e resultados sempre crescentes.

Quando a privatização aconteceu, quem havia participado dessa preparação por anos e também quem teve a vivência das salas de *due diligence* acabou tendo maior contato com a empresa vencedora do *bid* e, por consequência, maiores chances de reposicionamento dentro da nova estrutura. Eu fiz parte desse grupo e fui convidada a montar e gerenciar uma nova área, denominada "Desenvolvimento dos Canais de Vendas", iniciando pela estrutura de *Customer Service*, que era um conceito novo no Brasil. Estávamos em 1998, a *carrier* americana MCI ganhou a concorrência, e como parte do aculturamento e da nova estratégia eu e alguns gestores fomos para a sede nos EUA fazer visitas técnicas para posterior implementação a nível Brasil.

Voltamos com a missão de criar inicialmente a Organização Customer Service e o Call Center, definindo metodologia e interface com as áreas de ativação e manutenção de redes e serviços, faturamento e cobrança, tecnologia da informação e Engenharia.

Em paralelo ocorreu a definição dos requisitos de sistemas, validação, treinamento e implementação para a área de vendas: gerente de contas, consultor técnico, *customer service*, faturamento e CRM (*Customer Relationship Management*).

Outro grande desafio foi montar a nova área de canais de vendas, saindo de 200 para 2.000 gerentes de contas em tempo recorde. Uma nova estrutura foi criada para propiciar o gerenciamento das atividades de reestruturação dos canais de vendas, compreendendo definição das estruturas do canal, atribuições e atividades, perfis e postos de trabalho, habilidades e competências, processos, treinamentos e avaliação de resultados.

Cheguei a gerenciar 70 profissionais de nível superior, agrupados em cinco coordenações, responsáveis por definir processos, metas e gerenciar resultados para as áreas de *customer service*, vendas e consultoria técnica, requisitos de sistemas, treinamento e *call center* corporativo. O volume de trabalho e a responsabilidade eram compatíveis com uma diretoria.

Como resultado dessa estratégia, conseguimos aumentar o atendimento personalizado de 500 para 46.000 clientes da Embratel, e também criar áreas de tratamento diferenciado para estes clientes.

Após quatro anos nessa função, em função do *merge* da MCI com a WorldCom e dos escândalos financeiros nos quais a empresa se envolveu nos EUA e dos reflexos e impactos na Embratel, decidi que era a hora de sair para novos desafios.

Não foi fácil tomar essa decisão, mas decidi alçar voo solo para o empreendedorismo e a consultoria e posso dizer que o *background* acumulado nesse histórico profissional sempre foi um diferencial nas concorrências e nos projetos nos quais atuei posteriormente. Foi difícil deixar de ser a Marta cujo sobrenome era o da empresa, mas tive o apoio de meu marido e minha filha e após um período de carreira solo voltei ao mundo corporativo atuando em consultorias internacionais de grande porte, sistematicamente, em projetos estratégicos. Várias vezes voltei a atuar em telecomunicações, seja em auditoria, planejamento estratégico ou consultoria para implantação de governança e de sistemas. Esse conhecimento do estratégico e ao mesmo tempo do tático operacional me auxiliou enormemente na minha jornada profissional. Tive a oportunidade de expandir meus horizontes para outros segmentos de mercado, indústria do petróleo, onde atuei por mais de seis anos, áreas financeira, de transportes e diversas outras indústrias, de civil a consumo.

Atuei muito fortemente em planejamento estratégico, reestruturação organizacional, processos e governança. Até que pensei em novamente mudar, atuar mais em governança e estratégia do que no operacional. Após meses de reflexão e pesquisa, resolvi buscar uma certificação como conselheira, área em que vinha atuando fazia tempo, mas sem ser de forma "oficial". Foi então que fiz o curso PFCC para me certificar e agora oficialmente atuo como conselheira, além de atuar como membro do comitê de governança e estratégia empresarial da Board Academy. E continuo também em meus projetos de consultoria.

Mensagem final

Durante as várias mudanças de rumo que fiz sempre senti um frio no estômago, sabem aquela ansiedade boa seguida de muita animação? Em todas as vezes me lancei com a certeza de que aquele seria um desafio bom, que me traria boas energias e resultados profissionais. E sempre busquei meu melhor, com humidade e responsabilidade, animação e segurança e posso dizer que só tenho a agradecer a todos os "anjos" que encontrei e que me ajudaram em meu percurso. Nós estamos sempre onde nos posicionamos e ousamos!

Espero que minha história possa inspirar outras mulheres, que como eu passaram por discriminação de gênero, etarismo e outros bloqueios, a constatar que, se não chegaram ainda aonde almejam, criem nova rota, às vezes um desvio nos leva além. A estrada da vida tem buracos e bloqueios, mas também tem desvios, novas rotas e "anjos" que nos ajudam nos momentos mais difíceis. O mais importante é nunca desistir, seguir sempre em frente sem parar, nem que seja seguir por num atalho. Podem ter certeza que sempre aparecem novas oportunidades pra quem nunca desiste.

**Seja protagonista
da sua jornada**

Michelle B. L. Ferreira

Para a maioria das pessoas, Mi. É apaixonada por gente, a família é sua base, adora conhecer novas culturas, viajar, vinhos, organizar eventos para os amigos e resolver problemas. Goiana, engenheira eletricista com MBA em Gestão Empresarial, pós em Health Tech, conselheira consultiva certificada, Management Executive Program da Universidade de Ohio – EUA, cursando Neurociência, Psicologia Positiva e Mindfulness, e *lifelong learner*. Possui mais de 25 anos de carreira na indústria de Telecom, executiva especialista em Tecnologia, Transformação Operacional, Governança, Experiência dos Clientes, Equipes de Alta Performance e Humanizadora da Tecnologia para entregar resultados sustentáveis ao negócio, aos clientes, às equipes e à sociedade. Em resumo, mãe da Joanna por paixão, líder por vocação, e mentora por propósito de vida.

LINKEDIN

Reclamar e fazer consomem a mesma energia, mas proporcionam resultados e sensações totalmente distintos.

Orgulhe-se da sua história!

Desde cedo, aprendi a importância de agir, organizar e liderar. Nasci em Goiânia, aos seis anos, meus pais se separaram e, com uma situação financeira desafiadora, eu sempre buscava alternativas criativas para superar limitações, vendendo bijuterias que eu mesma fazia, e organizando teatros com meus primos para financiar nossas pequenas diversões. Essas experiências iniciais moldaram um espírito resiliente e empreendedor em mim.

A decisão de minha mãe de aceitar uma bolsa de estudos na França, levando minha irmã e eu para uma aventura europeia aos 11 anos, foi um divisor de águas. Morar em Toulouse por cinco anos nos ofereceu desafios e oportunidades únicas. Adaptar-se a uma nova cultura, aprender um novo idioma e viver de forma disciplinada, com foco na qualidade do tempo e das experiências, foram lições valiosas. Envolvi-me em atividades diversas, desde organizar eventos de teatro a trabalhos de *babysitting*, sempre buscando aprender e crescer. Esta jornada reforçou uma lição importante sobre adaptabilidade.

Planeje, mas saiba replanejar!

Os planos podem e vão mudar. Quando fomos para a França, minha mãe dizia que ficaríamos por lá. Meu tio, irmão dela, foi para os EUA, fazer doutorado, e dizia que ao final voltaria.

O que aconteceu?! O contrário, nós voltamos e ele, com minha tia e primo, continuam lá até hoje.

Esse retorno não foi um retrocesso, mas uma nova fase de crescimento. Apesar das pressões para seguir carreiras tradicionalmente femininas ou familiares, eu estava determinada a forjar meu próprio caminho, inspirada pela tecnologia e pela inovação que respirava em Toulouse. A determinação em seguir Engenharia, contrariando expectativas e estereótipos de gênero, destacou a importância de desafiar normas e buscar autenticidade. Essa decisão não foi apenas sobre escolher uma carreira; foi sobre afirmar minha identidade e valores.

Independentemente do que seria o melhor caminho, é preciso ter a clareza do cenário. E mais do que saber o que se quer é preciso saber o que não se quer!

A minha história é um testemunho do poder da resiliência, da importância de conhecer a si mesmo e da coragem de seguir seu próprio caminho, apesar dos desafios. É um lembrete de que as adversidades podem ser transformadas em oportunidades, e que, no fim das contas, somos definidos pelas escolhas que fazemos e pelos obstáculos que superamos. Orgulhar-se de nossa história é reconhecer que, em cada desafio enfrentado, há uma oportunidade para aprender, crescer e influenciar positivamente o mundo ao nosso redor.

Sonhe grande! Sonhar grande ou pequeno dá o mesmo trabalho!

Tenha um propósito!

Conectar pessoas e culturas era, e continua sendo, o meu propósito.

Escolhi Engenharia Elétrica porque, em 1994, as portas para a Engenharia Aeronáutica, minha primeira opção, estavam fechadas. Naquele ano, apenas duas universidades no Brasil ofereciam o curso: a UFSC e o ITA. Acabando de voltar ao Brasil, não queria me afastar da família, então descartei a UFSC. O ITA, por sua vez, ainda não aceitava mulheres. Determinada a alcançar meu sonho de alguma forma, pesquisei alternativas. Descobri que a Engenharia Elétrica, com suas vastas áreas de potência, computação, automação, eletrônica e telecomunicações, oferecia um caminho completo e abrangente. Foi assim que encontrei meu propósito e escolhi minha carreira.

Essa decisão refletiu minha crença profunda na importância de conectar pessoas e culturas, alinhando com meu desejo de causar impacto positivo no mundo. Na universidade, meu engajamento foi total, liderando a organização de eventos para a formatura e definindo minha trajetória profissional. No final do curso, organizei uma arrecadação junto aos professores para garantir que todos os colegas pudessem participar da celebração. **"Ninguém solta a mão de ninguém" e celebrar é sempre essencial!**

No Dia Internacional das Mulheres, 8 de março de 1999, dei meus primeiros passos no mundo das Telecomunicações como estagiária na Telegoiás Celular, recém-privatizada pela Splice do Brasil. Desde o início, percebi que a tecnologia, especialmente as telecomunicações, é uma poderosa ferramenta para unir pessoas. Comecei na área de operações, sempre orientada por processos, lógica e decisões baseadas em dados. Ao final do curso, sem vaga para engenheiro em Goiânia, participei de um processo seletivo em Brasília para o Centro de Gerenciamento das Redes e Serviços da então TCO/NBT. Durante a seleção, fui informada que viajaria constantemente por um ano, voltando para casa a cada 15 dias. Prontamente, aceitei o desafio, surpreendendo o gestor de RH. Recebi a confirmação da contratação no dia da minha colação de grau, em 12 de abril de 2000, e comecei em 19 de abril de 2000.

O projeto, inicialmente previsto para um ano, foi concluído em oito meses. Durante esse período, interagi com equipes locais, compreendi processos regionais e valorizei as particularidades culturais. A gestão e integração de pessoas emergiu como um componente essencial, reforçando a ideia de que resultados são alcançados através do engajamento e desenvolvimento das equipes. Adotei uma abordagem humana e flexível na liderança, valorizando cada membro e suas contribuições únicas.

Como lição,

> *"Sempre veja todos os ângulos de uma mesma situação, você pode até não mudar de opinião, mas, com certeza, terá aprendido novas perspectivas. É preciso ouvir, integrar, agregar, mas, também, saber o momento de decidir".*

Estávamos com uma equipe bastante nova, e quando mais novos temos a tendência a querer avaliar as diversas situações somente com as nossas lentes, vivências e, principalmente, ambições.

Como líder, sempre fiz questão de conhecer cada uma das pessoas que estavam comigo, pois isso me permite, além de entender, ajustar e adequar a comunicação com cada um para que esta seja a mais efetiva possível. Afinal, comunicação não é sobre o que eu falo, mas como e o que as pessoas entendem. Ter essa clareza evita muitos problemas e retrabalhos. O subentendido é o maior detrator de desempenho.

"Líderes não cuidam só de resultados, orçamentos, demandas e projetos. Líderes cuidam de pessoas, identificam suas habilidades, influenciam por seus exemplos, engajam por seus propósitos. E são essas pessoas que gerarão os resultados." Simon Sinek

Delegue e não delargue – empodere as pessoas!

Saber alocar habilidades é fundamental para resultados

Conheça sua equipe, suas habilidades e fortaleça-as.

Em 2003, a TCO/NBT foi adquirida pela *joint venture* da Portugal Telecom com a Telefónica de Espanha, dando origem à VIVO. Esse período foi marcado por desafios e aprendizados, e gerenciar a integração de operações e harmonizar culturas reforçou minha crença na adaptação e na comunicação clara como chaves para o sucesso. Em 2004, mudei de Brasília para São Paulo e, em 2006, fui para o Rio de Janeiro com o objetivo de criar a primeira área de uma vice-presidência de Tecnologia focada em humanizar a tecnologia e entender as necessidades das pessoas. Minha jornada na VIVO culminou com a gestão de desempenho e qualidade, liderando grandes projetos de transformação tecnológica e operacional, entregando a melhor experiência de uso.

Cada fase da minha carreira reiterou a importância de focar as pessoas, dentro e fora da organização. Ao refletir sobre minha trajetória, reconheço que o sucesso não está apenas em atingir metas profissionais, mas em fazer a diferença na vida das pessoas. Liderar é cuidar de pessoas, e os resultados são frutos dessa dedicação.

Em 2009, nosso time recebeu o Prêmio Bravo da Telefónica por um projeto que aumentou a eficiência do atendimento de reclamações de uso, implementado também no Chile. Este projeto exemplifica a transformação operacional e digital que norteou nossa atuação, sempre com foco no suporte aos atendentes e na melhoria contínua dos serviços.

Tecnologia e serviços existem para atender pessoas, empresas, etc., mas ainda é muito incomum vermos, nas áreas técnicas, pessoas com esse modelo mental.

Minha frase sempre foi: "Não é que o cliente tenha sempre razão, ele tem sempre as suas razões, e às vezes, por falta de conhecimento. É nossa obrigação esclarecer, ensinar, humanizar. Isso vale para todas as áreas da empresa, afinal, cada decisão tomada pode impactar produtos e serviços e, consequentemente, os clientes".

Nesse processo, o aprendizado mais valioso foi que, mais do que qualquer tecnologia ou estratégia, são as conexões humanas que realmente movem o mundo. Nenhuma pessoa sai de casa para fazer coisas sem sentido. Se estão fazendo, pode ser por falta de orientação e/ou conhecimento. Por isso, incentivo a pergunta: "O que eu, com meu conhecimento e ferramentas, posso fazer para ajudar?" Analise, identifique oportunidades e influencie mudanças. Processos são fluxos de trabalho coconstruídos entre áreas para obter resultados consistentes. Se um processo não funciona, ajude a transformá-lo.

Recentemente, li uma frase que traduz muito o que é a vida e a maturidade.

> "Conhecimento é saber que o tomate é uma fruta. Sabedoria é não colocar o tomate na salada de frutas."

E compartilhar é a maneira de empoderar a todos.

Defina regras, critérios e modelos, mas valorize a adaptabilidade. Mudar é difícil e a nossa mente cria barreiras, por isso, uma comunicação clara e objetivos bem definidos são essenciais. Muito se fala de B2B, B2C, B2B2C, mas o que realmente faz a diferença é o Humano para Humano (H2H). De pessoas para pessoas, criando soluções para problemas reais de pessoas reais.

Novos ciclos e novas oportunidades!

Em 2014, voltando de uma viagem à Tailândia recebi o contato da TIM.

Um belo desafio! Reestruturar a área de Qualidade de Rede e Serviços, Transformação Operacional, mudança de modelo mental, e, posteriormente, a implantação da área de Governança em Tecnologia e Experiência de Usuários.

E então, despois de 15 anos, decidi que era hora de encarar o desafio e promover uma revolução operacional, um salto em governança e eficiência. A chave foi reunir pessoas de diferentes *backgrounds*, unindo-as sob metas claras e um propósito compartilhado. Defendo a melhoria contínua: atingir metas e elevá-las, pois sonhar grande ou pequeno exige o mesmo esforço. Empoderei meu time, enfatizando a importância do significado e do propósito em nossas ações. Busquei formar equipes de alta performance, convencida de que a transformação operacional só se sustenta com significado. Contrariei a máxima de "em time que está ganhando não se mexe", mostrando que é justamente no sucesso que devemos buscar evoluir. Para mim, recuperar a autoestima da equipe é essencial antes de qualquer mudança; só assim podemos diagnosticar corretamente os desafios e superá-los, levando todos a patamares ainda mais altos.

Você é a sua maior motivação. Faça por você. Cuide-se por você. Estude e aprenda por você. Quem tiver a mesma energia que você estará contigo.

Diagnóstico não é destino!

Em 2021, realizei o grande sonho da minha vida – ser mãe!

A maternidade, em todas as suas formas, é uma jornada de emoções, desafios e triunfos. Joanna, uma menina linda, doce, com Trissomia do 18 – Síndrome de Edwards (síndrome genética rara) veio para reforçar a minha missão – conectar pessoas e protagonismo.

Na maternidade atípica, os desafios podem parecer amplificados, mas o amor, a determinação e a resiliência também o são.

Mentoria

No final de 2021, tive um convite para integrar o time de mentores da TOP2YOU, uma jornada totalmente alinhada ao meu propósito de conectar e empoderar pessoas.

Conectar pessoas, através de conexões significativas, abrindo caminhos, incentivando-as a fazer acontecer e assim realizar seus sonhos e objetivos. Meu compromisso é colocar as pessoas no centro de cada decisão, assegurando harmonia e sincronia em nossos esforços conjuntos para alcançar metas ambiciosas e transformadoras. Acredito firmemente no potencial ilimitado de cada pessoa e sei que, com orientação e apoio adequados, elas podem voar alto. Para mim, integrar liderança e mentoria foi uma ferramenta essencial para o desenvolvimento sustentável de talentos. Essa combinação não só enriquece as habilidades individuais, mas também fortalece a dinâmica de equipe, a cultura organizacional e contribui para o sucesso geral da organização.

A cada mentoria realizada, *feedbacks* recebidos, evoluções alcançadas e aprendizados mútuos reforço minha crença no poder da conversa, que pode inspirar e encurtar distâncias, do trabalho colaborativo e da liderança acolhedora.

Missão....

Como mentora, mãe atípica, líder, executiva e conselheira, dedico-me a inspirar as pessoas a transcender limites e realizar sonhos. Minha vida é um manifesto de que valores firmes, combinados com uma mente aberta para novas perspectivas, são essenciais para uma jornada significativa e impactante. Acredito que nenhum caminho é intransitável até que decidamos trilhá-lo e, por isso, encorajo todos a definir e perseguir incansavelmente seus objetivos, moldando suas próprias trajetórias com coragem e autenticidade.

Minha missão se ancora na crença otimista de que o futuro nos reserva possibilidades incríveis e sustentáveis, impulsionadas pela tecnologia, mas profundamente enraizadas na humanidade e na inclusão social. Vejo a tecnologia como uma extensão de nossas intenções, capaz de democratizar oportunidades e aproximar indivíduos, transcendendo as fronteiras tradicionais que nos dividem. Essa visão orienta cada decisão que tomo, buscando sempre promover a harmonia e a sincronia em ações coletivas voltadas para o alcance de metas transformadoras.

Meu otimismo é alimentado pela convicção de que podemos cocriar um futuro colaborativo e amoroso, em que a participação ativa de cada um de nós em nossas comunidades amplie nosso impacto coletivo. A conversa, o trabalho colaborativo e uma liderança empática são pilares que sustentam essa crença, inspirando ações que aproximam e quebram barreiras.

Nesta jornada, assumo cada papel — seja como mãe, executiva, líder, conselheira ou mentora — com determinação e amor, reconhecendo os desafios e as alegrias que cada um traz. A maternidade me ensinou sobre força e transformação, a liderança me desafiou a sair da zona de conforto, e a mentoria me permitiu dar e receber aprendizados valiosos. Compartilhar essas experiências é parte do meu compromisso de apoiar outras mulheres em suas jornadas de sucesso e realização pessoal.

Obrigada por me permitir compartilhar minha história com vocês e espero que possa inspirá-los a seguir em frente, acreditando em si mesmos e fazendo acontecer.

Lembre-se de que você tem o poder de moldar seu próprio destino e influenciar positivamente as pessoas ao seu redor.

Assumir o papel principal requer coragem, autenticidade e comprometimento, mas os benefícios são enormes. Torne-se o protagonista da sua história, seja no mundo corporativo ou na vida pessoal, e desfrute de uma vida mais gratificante, realizada e significativa. Sua jornada de protagonismo começa agora!

Defina e redefina sua jornada! Ela é sua!

Livros

- Comece pelo porquê – Simon Sinek
- Sapiens – Yuval Harari
- What to Do About Your Brain-Injured Child – Glenn Doman

Recordações e Lições de Vida: uma Jornada de Sucesso

Regiane Favorato

Mãe do Vitor, formada em Engenharia da Computação e pós-graduada em Gestão de Negócios, Neurociência e Cyber! Trabalha desde 2000 e é executiva desde 2009. Tem uma carreira consolidada na área de Serviço ao Cliente, na qual atuou em diversas posições sênior (planejamento de redes, gestão de operação e administração de contratos). Começou sua carreira como técnica de campo em uma empresa que o grupo Telefonica adquiriu, chamada Atrium Telecom. Em 2016 teve a oportunidade de realizar uma movimentação e ampliar seus conhecimentos na área de CX e agregar o conhecimento do portfólio de produtos e serviços móveis. Em 2021 assumiu uma cadeira diretiva no grupo Telefonica. Criativa, inconformada, focada em resultado e estruturada, é apaixonada por aprender e fazer coisas novas, além de desafiar o *status quo* em conjunto com as pessoas. O empreendedorismo completa o seu perfil.

LINKEDIN

Introdução

Sou mãe do Vitor, formada em Engenharia da Computação e pós-graduada em Gestão de Negócios, Neurociência e Cybersegurança. Desde 2000, venho construindo uma carreira que passa por várias áreas de atuação, e, desde 2009, ocupo posições de liderança na área de Serviço ao Cliente. Hoje, sou diretora de Customer Success no segmento B2B, uma posição que reflete anos de dedicação, aprendizado contínuo e a busca incessante pela excelência.

Desde muito cedo, percebi que a criatividade e a inovação seriam meus guias na vida. Sempre senti uma necessidade de transformar não só a mim mesma, mas também o ambiente à minha volta. O desejo de inovar, de fazer algo diferente, foi o que me manteve avançando. Cada desafio que enfrentei me ensinou a olhar além do problema e buscar soluções que, muitas vezes, outros não enxergavam.

Acredito profundamente que o empreendedorismo vai além de ser uma carreira; ele é uma mentalidade que nos incentiva a explorar o novo, transformar o comum em extraordinário e sempre buscar o melhor, não apenas para nós mesmos, como para aqueles ao nosso redor. Ao longo da minha trajetória, descobri que, mesmo em meio aos maiores desafios, a inovação pode nascer dos momentos mais inesperados. Não é necessário ter todas as respostas de imediato, mas sim estar disposta a explorar, a testar e a aprender com cada passo.

A vida nos ensina que o sucesso é mais do que títulos e cargos. O verdadeiro sucesso está no impacto que causamos nas pessoas, nas equipes, e em nossas famílias. Líderes inspiram pelo exemplo, e acredito que a liderança de verdade nasce da coragem de sermos vulneráveis e humanos. A humanidade, afinal, é o que conecta todas as nossas histórias, e essa conexão, no final, é o que transforma trajetórias em legados.

O Impacto do Passado no Presente

Olhando para trás, consigo perceber como cada fase da minha vida contribuiu de maneira direta para quem sou hoje. Desde a infância até os dias atuais, cada experiência, por menor que parecesse no momento, teve um impacto significativo. O sucesso que conquistei profissionalmente não veio de um único evento, mas da soma de muitos momentos – alguns de superação, outros de aprendizado, e até mesmo os de falha, que me ensinaram a ser resiliente.

Uma das lições mais valiosas que aprendi é que a vida não se divide em compartimentos separados. O que vivemos em nossa infância, adolescência e vida adulta está profundamente interligado. Cada desafio pessoal molda a profissional que somos, e cada conquista profissional, por sua vez, afeta nossa vida pessoal. Essa interseção de experiências me mostrou que o autoconhecimento é essencial para evoluir em ambas as esferas.

Aprendi, ao longo dos anos, que não são apenas os sucessos que nos definem, mas também as quedas, as falhas e as vezes em que precisamos nos levantar. **O sucesso é uma jornada, não um destino apenas.** Ele é construído na superação dos obstáculos e nas lições que aprendemos ao longo do caminho. E, muitas vezes, essas lições não são óbvias no momento; é apenas olhando para trás que podemos ver como certos desafios nos prepararam para futuras conquistas.

Um exemplo disso foi minha primeira promoção a gerente, em 2009. Chegar a essa posição foi um marco, mas não foi apenas sobre ganhar um novo título. Foi sobre todas as pequenas batalhas que enfrentei para chegar até ali – cada projeto que deu certo, cada dificuldade que superei, cada relação profissional que construí. Naquele momento, percebi que o que me trouxe até ali não foi uma vitória única, mas o acúmulo de experiências que me fortaleceram ao longo dos anos.

Primeiras Lembranças: O Início de Tudo

Minha infância sempre foi marcada por uma curiosidade natural sobre o mundo ao meu redor. Nasci em um bairro simples, mas desde cedo sabia que queria mais, que queria explorar, descobrir, aprender. A memória mais marcante dessa fase foi em 1989, quando eu tinha apenas seis anos. Naquela época, já tinha uma grande vontade de me destacar.

A apresentação da Xuxa na escola foi um dos primeiros momentos em que senti o poder da persistência. A princípio, eu não havia sido escolhida para ser a Xuxa, mas minha determinação era grande demais para desistir. Voltei dia após dia, insistindo, pedindo uma oportunidade, até que finalmente fui premiada com o papel. Esse momento pode parecer simples, porém para mim foi um ponto de virada. **Perseverança transforma 'não' em 'sim'.** Essa lição ecoou por toda a minha vida, especialmente nos momentos em que o caminho parecia mais difícil.

Lembro-me vividamente de andar pelas ruas do bairro, indo à escola todos os dias a pé, observando as pessoas, as casas, a vida acontecendo ao redor. Era um ambiente cheio de desafios, mas também repleto de vida. Minha infância foi uma época de aprendizado constante e, mesmo em meio às dificuldades, havia uma alegria genuína em cada descoberta, em cada pequena conquista.

Aquele evento da escola simboliza muito do que viria a ser minha trajetória. Insistir, acreditar em mim mesma, e continuar buscando meu lugar, mesmo quando as probabilidades estavam contra mim. **Aquela pequena vitória se tornou uma metáfora para muitos dos desafios** que enfrentei ao longo da minha carreira e vida pessoal.

O Valor da Disciplina: Lição da Adolescência

A adolescência foi um período em que comecei a compreender, de fato, a importância da disciplina e do planejamento. Crescer em uma família que valorizava cada pequena conquista me ensinou o poder do esforço. Não tínhamos muitos recursos, mas minha família sempre foi rica em amor, incentivo e apoio emocional. Esses valores me ajudaram a estabelecer metas ambiciosas e ao mesmo tempo realistas, que eu sabia que poderia alcançar com o trabalho duro.

Aos 13 anos, decidi que queria estudar no Cefet-SP, uma das melhores instituições técnicas do Brasil. Não tínhamos condições financeiras para pagar um cursinho, mas eu não via isso como um impedimento. Sabia que poderia buscar uma alternativa e, assim, consegui uma bolsa de estudos. Essa foi minha primeira grande vitória acadêmica, e uma que me mostrou que **o talento pode abrir portas, mas é a disciplina que o mantém dentro.**

Estudar no Cefet-SP foi uma das experiências mais transformadoras da minha vida. Ali, descobri que, para cada talento, existe um esforço proporcional. Não adianta apenas ser bom; é preciso ser disciplinado, organizado, e comprometido com seus objetivos. Enfrentar a pressão de um ambiente competitivo me preparou para o que estava por vir no mercado de trabalho. Aquelas noites de estudo intenso, as provas desafiadoras, as conversas profundas com professores exigentes – tudo isso moldou minha visão de mundo e me preparou para ser resiliente diante dos desafios que surgiriam mais tarde.

Trabalho e Carreira: Construindo um Futuro

Minha entrada no mercado de trabalho foi rápida e intensa. Aos 17 anos, iniciei minha trajetória profissional como técnica *trainee*. Ao mesmo tempo, comecei minha faculdade de Engenharia da Computação e, desde então, a vida foi uma maratona de estudos, trabalho e sacrifícios. Lembro-me das noites em claro, dividindo meu tempo entre estudos e plantões de trabalho. Muitas vezes, senti que estava no meu limite, mas o desejo de alcançar meus objetivos me manteve firme.

Começar como técnica de campo, em uma função predominantemente masculina, foi um grande desafio. Enfrentei olhares de descrença e dúvidas sobre minha escolha, mas encarei cada um desses momentos como oportunidades de mostrar meu valor. **Ser mulher em um ambiente dominado por homens não me intimidou; ao contrário, me motivou a ser melhor.** O conhecimento que adquiri no campo me preparou para funções mais estratégicas no futuro, pois entendi a operação desde a base.

Quando fui promovida a gerente em 2009, foi um marco importante, mas também um lembrete de que o trabalho estava apenas começando. Cada degrau na minha carreira exigiu mais esforço, mais aprendizado, e uma capacidade constante de me reinventar. **A jornada do sucesso é feita de degraus, e cada passo exige mais do que o anterior.** Esse compromisso com a excelência me acompanhou por toda a vida, e até hoje me esforço para dar mais do que é esperado, superando expectativas.

Maternidade e Liderança: Desafios e Crescimento

A maternidade me trouxe uma nova perspectiva sobre a vida e o trabalho. O nascimento do meu filho Vitor, em 2013, foi uma transformação profunda. Como muitas mulheres, enfrentei o desafio de conciliar as demandas da carreira com a vida familiar. Nos primeiros meses, foi difícil encontrar o equilíbrio, porém, com o tempo, percebi que a chave estava em saber priorizar. **A maternidade me ensinou que o equilíbrio é a chave do sucesso.** Não é sobre fazer tudo ao mesmo tempo, mas sobre estar presente onde mais importa, no momento certo.

Ser mãe não me limitou; ao contrário, me tornou uma líder mais empática, organizada e consciente das necessidades dos outros. Aprendi que é possível ser uma executiva dedicada e, ao mesmo tempo, uma mãe presente e carinhosa. O segredo está na organização, na delegação e na capacidade de dizer "não" quando necessário.

Contar com o apoio do meu marido foi fundamental nesse processo. Juntos, conseguimos encontrar um ritmo que funcionasse para nossa família, sem que eu precisasse abrir mão dos meus sonhos profissionais. E, por mais desafiador que tenha sido, **a maternidade me fez uma profissional mais completa**. Hoje, sou uma líder mais humana, capaz de entender que cada pessoa tem suas próprias batalhas e desafios, dentro e fora do trabalho.

Desafios Pessoais: Lições da Vida

Se tem algo que a vida me ensinou é que os desafios pessoais podem ser tão complexos quanto os profissionais, senão mais. Em 2013, enquanto estava grávida do Vitor, recebi a notícia de que meu pai estava com câncer. Foi um momento de grande tensão emocional, dividido entre a alegria da maternidade e a preocupação com a saúde do meu pai. Dois anos depois, minha mãe recebeu o mesmo diagnóstico. Esses foram tempos difíceis, mas, felizmente, ambos conseguiram superar a doença.

Contudo, a luta não terminou ali. Em 2017, minha mãe foi diagnosticada com afasia, uma condição que evoluiu para uma doença senil grave. Cuidar dela durante esses anos foi um dos maiores desafios emocionais que já enfrentei, e sua perda, em 2022, foi devastadora. Esses momentos me ensinaram muito sobre resiliência, sobre o valor das pequenas coisas, e sobre a importância de estarmos presentes para aqueles que amamos.

Essas experiências me transformaram como pessoa e como líder. Hoje, sou mais empática, mais consciente das lutas que cada pessoa enfrenta diariamente, e acredito que isso me torna uma líder melhor. **Minha mãe sempre dizia: "É difícil, mas não é impossível".** Essa frase ficou marcada em mim, e hoje levo essa mensagem comigo em tudo o que faço, tanto na minha vida pessoal quanto profissional.

Reflexões Finais: Lições para a Vida

Se eu pudesse deixar um conselho a você, seria: **nunca subestime o poder da sua própria história.** Cada passo, cada vitória e até cada derrota tem algo a ensinar. Compartilhe suas jornadas, inspire outros, e juntos vamos construir um mundo onde possamos ser líderes mais empáticos, mães mais presentes, e pessoas mais realizadas.

Acredito que a melhor forma de liderar é pelo exemplo, e tento aplicar isso em todas as áreas da minha vida. Não importa o tamanho do desafio, a força que existe dentro de nós é capaz de nos levar a lugares que nem imaginamos. **A coragem nos impulsiona para frente, e a disciplina nos mantém firmes.**

E, agora, quero que você se junte a mim nessa jornada. Se este texto ressoou em você, **me marque nas redes sociais, compartilhe suas experiências e vamos continuar esta conversa.**

Juntas, podemos transformar desafios em histórias de sucesso. **Marque alguém que precisa de uma dose de inspiração hoje.** E, claro, **me marque também! Vamos construir essa corrente de empoderamento juntas.**

Minhas TOP 10 Dicas para a Vida

1. **Escolha bem as pessoas que estarão ao seu lado** – Sua rede de apoio é essencial. Seja honesta, leal e recíproca.

2. **Tenha disciplina** – A motivação é passageira, mas a disciplina mantém você no caminho certo, mesmo nos dias difíceis.

3. **Planeje o caminho e defina seus objetivos** – Tenha metas claras e trabalhe para alcançá-las.

4. **Cuide da sua saúde física e mental** – Nada vale a pena se a sua saúde for deixada de lado.

5. **Nunca pare de estudar** – O mundo está em constante evolução, e você deve acompanhar essas mudanças.

6. **Seja fiel aos seus valores** – Sua honra é seu bem mais precioso. Preserve-a acima de tudo.

7. **Tenha coragem** – Os momentos desafiadores virão, e é a coragem que lhe permitirá superá-los.

8. **Entenda que toda escolha é uma renúncia** – Aprenda a aceitar as consequências das suas decisões.

9. **Podemos ser mães, amigas, executivas, tudo o que quisermos** – Basta organização e vontade.

10. **Aproveite a jornada** – A felicidade está tanto no caminho quanto na chegada.

**Valorize sua jornada,
assim como você ela é única**

Regiane Sobral

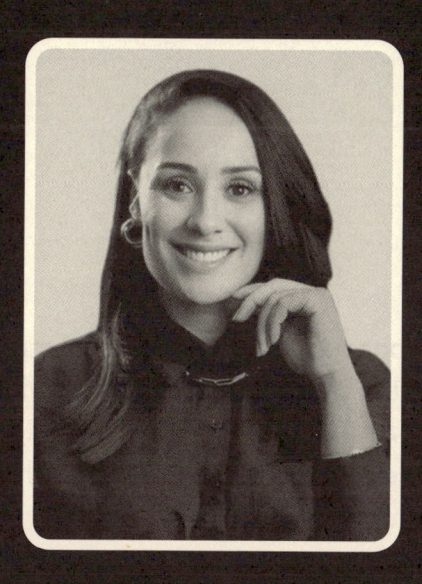

Apaixonada pelo que faz, líder de pessoas e fã de carteirinha do movimento "vamos nos autoconhecer". Tem 19 anos de carreira no mercado de telecomunicações dos quais 15 anos ocupando cargos de liderança, há quatro anos em posição executiva, desenvolve times com foco em experiência e sucesso do cliente. É uma sobrevivente, mãe da Julia, amante de livros e uma incansável otimista. Formação acadêmica em Processos Gerenciais, pós-graduada em gestão estratégica de negócios, especialização em Programação Neurolinguística (PNL) e Inteligência Emocional.

LINKEDIN

Eram por volta das três horas da manhã, fui acordada com um barulho muito alto seguido de uma enxurrada de água caindo sobre nós. Era o telhado desabando por causa de uma forte chuva. Eu tinha nove anos, não dava tempo de chorar por causa do susto, precisava levantar e ajudar minha mãe a arrastar as camas para o lado mais seco dos dois cômodos da nossa casa. A gente precisava dormir antes de os adultos se levantarem para ir trabalhar e eu ir para a escola.

Minha história não começou aos nove anos e, para ser franca, não foi uma vida diferente das milhares de pessoas que tiveram a escassez como companheira de infância. O que faz da sua vida especial ou não é a maneira como você a enxerga, por isso optei por abrir este capítulo resgatando uma memória que somada a tantas outras moldaram meu caráter, a pessoa que sou e futuramente me transformaria na profissional que tenho orgulho de ser todos os dias.

Sou filha única da Lurdes e do Raimundo, ambos nascidos e criados no interior da Bahia e, como tantos outros, vieram para São Paulo tentar a sorte, ela se tornou doméstica, ele pedreiro e mais tarde viria a ser mestre de obras. Os dois não chegaram a se casar e até os meus seis anos ela foi mãe solo, cada um construiu sua vida ao lado das pessoas que escolheram, tenho quatro irmãos frutos do casamento deles com outros parceiros e mais tarde por volta dos meus oito anos finalmente fui levada para conhecer o homem que viria a ser o meu pai. Não sou religiosa, embora tenha a minha fé e otimismo em tudo que vivo e faço, acredito que tudo tem um porquê e sempre acontece por razões que ninguém é capaz de explicar. Ter a possibilidade de conhecer meu pai certamente me trouxe a oportunidade de escolher como eu queria viver. Alguns anos depois, aos 13, impulsionada por motivos que não cabem neste livro tomei a decisão de sair da casa da minha mãe e a casa da minha avó paterna, Nair, já falecida (meu amor), tornou-se meu novo lar, e pensando bem talvez a razão pela qual eu esteja aqui contando essa história.

Do ponto de vista educacional, as escolas públicas fizeram parte do meu currículo por toda a vida, não tive acesso a cursos ou atividades complementares, mas adorava frequentar a escola todos os dias, gostava especialmente das aulas de educação física, fui muito boa no futebol, aliás, na época tínhamos um time formado por mais cinco meninas, temos contato até hoje e lá se vão 29 anos de história entre nós, tenho muito carinho pela época que vivemos juntas. Algo que me recordo é que aos 15 anos aprendi a gostar de ler, eu visitava duas vezes por semana uma biblioteca próxima à escola onde eu cursava o primeiro ano do ensino médio e ali, sem saber exatamente como influenciaria minha vida, fui formatando minha personalidade e colocando mais tijolos na construção da minha jornada.

Para conectar essa parte da minha adolescência em que começo a gostar dos livros com a próxima etapa que viria, a vida adulta, busquei resgatar na memória os meus sonhos, afinal, se tem algo que crianças sabem fazer é sonhar, imaginar o que querem ser quando crescerem, especialmente se possuem influência no ambiente em que convivem dos seus familiares, amigos, professores e até programas de TV. Eu não consegui, porém, me lembrar de nenhum sonho de pequena, talvez porque em situações de escassez algumas pessoas não se permitam sonhar, talvez não tenham aprendido como fazê-lo e naturalmente não puderam ensinar os seus, mas tenho uma memória muito forte sobre querer trabalhar, não almejava uma profissão especial, como ser médica ou engenheira, eu só queria muito ter um trabalho e ser independente, sim, trabalhar era provavelmente o meu maior sonho.

Gosto de me lembrar da saga pela busca do primeiro emprego, comecei a fazer entrevistas para tudo, assistente, recepcionista, atendente, vendedora em qualquer lugar ou segmento, eu só precisava trabalhar, nenhuma deu certo, não sabia ao certo como montar um currículo ou me comportar em uma entrevista, aliás eu não tinha referências próximas que pudessem servir de apoio nesse processo, eu tinha 15 anos. Realizei duas entrevistas emblemáticas para uma grande rede de fast food, fui reprovada, e me recordo desse momento com tanto orgulho hoje, os diversos nãos que recebi durante esse período fortaleceram uma das características mais latentes em mim, a resiliência. As coisas mudaram aos 17 anos quando fui cursar o último ano do ensino médio em outra escola, ainda pública, mas em um bairro nobre de São Paulo, o acesso e referências apesar de básicos eram superiores ao que eu tive até então. Meu primeiro emprego foi fruto de uma ação social de uma empresa de call center que ficava em frente a esta escola, eu fiz o curso e esperei para ser escolhida para o emprego.

De lá até hoje são 19 anos no mercado de trabalho, em meio a isso, tive uma filha incrivelmente meiga e muito *nerd*, a Julia ama atividades *maker* e astronomia, no alto dos seus oito anos ela me ajuda a buscar o melhor para nós e a deixar um legado positivo por onde passo. Conquistei a desejada pós-graduação e algumas dezenas de pessoas que de alguma maneira foram impactadas com a minha liderança. No momento em que escrevo este capítulo completo 36 anos de vida e para ser honesta fiquei reflexiva por semanas antes de aceitar participar do projeto, sim, a síndrome da impostora nos acompanha em muitas fases das nossas vidas, especialmente aquelas que envolvem um passo de evolução.

Se as experiências que vivi ao longo da minha infância e adolescência foram a base de construção do meu caráter e personalidade, o *call center* certamente é um dos pilares que sustenta a profissional que sou e antes de entrar na pauta da executiva sênior de uma das empresas mais valiosas do país, para ser mais assertiva a 12ª, segundo a B3, quero contar como foram os nove anos iniciais e como cheguei até aqui. Afinal, o objetivo deste projeto é inspirar, e na minha opinião não há nada mais inspirador do que histórias de superações reais que de alguma maneira tenham se tornado uma jornada de sucesso, ao menos para quem conta, não é mesmo?

Costumo dizer que eu nasci e cresci no *call center*, prestei serviço para diversas empresas e ramos variados, revistas, jornais e em sua maioria de telecomunicações. Comecei como atendente mesmo, vendendo, às vezes resolvendo os problemas dos clientes, mas sempre precisava vender no final, eu tinha um enorme prazer em ser bem ranqueada, não estar entre os destaques do time não era uma opção para mim. Neste lugar eu aprendi e fiz de tudo, me lembro bem de ocasiões em que entrava embaixo das PAs (posições de atendimento) para arrumar os telefones e destravar os computadores, a gente precisava vender e eu não podia esperar o SLA do time de suporte, eu tinha pressa, qualquer minuto impactava negativamente no resultado. São muitas as lições do período em que estive por lá, três delas são valiosas e me acompanham por toda minha carreira. A primeira, **faça acontecer e faça bem-feito**, nada supera um trabalho concluído com um bom resultado; a segunda, **torne-se referência**, ser um ponto de segurança e apoio dentro de uma estrutura impulsiona você a patamares jamais imaginados, e a terceira é: quer ser promovido? **Atue na cadeira atual como se já estivesse no cargo desejado,** você estará entre os escolhidos por já performar como tal, então, mexa-se.

Nesse contexto, aos 22 anos tive meu primeiro contato com liderança de times, eu era jovem e imatura para os desafios que viriam, mas muito certa de que daria o meu melhor, afinal, nesse caminho encontrei a oportunidade de ganhar mais, e como contei desde o início segurança financeira tocava em um ponto delicado para mim. Ali naquele momento eu virei a minha primeira chave, entendi que, se eu fizesse um bom trabalho, poderia ser promovida e com isso aumentar meu salário; desde então, eu não parei mais.

Bom, a essa altura notei que eu tinha um certo repertório, embora imaturo, um repertório. Precisava enriquecê-lo e direcionar corretamente, pois quando você se torna gestor não existe uma capacitação para tal, você performa, assume a cadeira e precisa buscar meios para acelerar sua curva de aprendizagem, ao longo do tempo as coisas vão se encaixando. Minha reflexão desse período é que fui chefe e não líder, muito voltada a resultados, mas pouco empática, em muitas situações fui agressiva e perdi peças importantes no time por não perceber que eu precisava virar a segunda chave, porém demorei a reconhecer. Importante termos em mente que tudo nos ensina e eu me recordo desse período com muito carinho e respeito, até para não cair no lugar de culpa, reconhecer e assumir falhas é o primeiro passo para gerar mudança em você e ao seu redor. Hoje para ser um líder que impulsiona o time a ter alta performance, você precisa construir um ambiente psicologicamente seguro, para isso, reconhecer falhas será inevitável e você precisa dar o primeiro passo.

Em meio a essa transição de cargos, em 2014 recebi de um amigo um convite para trabalhar na Vivo, ele tinha trabalhado comigo em minha última empresa de *call center*. Entrar na Vivo impulsionou não só minha transformação profissional, obviamente, mas também pessoal, e essa é realmente uma vitória. Lembra que eu precisava virar a segunda chave? Pois é, há uma década eu iniciava essa jornada como analista pleno e nem de longe poderia imaginar o rumo que minha carreira seguiria.

Poderia relatar que organizei e planejei cada detalhe das etapas, cada conquista da minha trajetória, mas eu não seria honesta comigo e muito menos com uma das pessoas que me mentorou até aqui e que faz parte desse projeto também como coautora, minha líder e parceira Regiane Favorato, gratidão por você e sua vida. A grande verdade, como mencionei anteriormente, é que eu precisava e queria ganhar muito mais, ter segurança financeira de fato passou a ser o meu maior objetivo até então. A fórmula estava muito clara para mim, trabalho bem-feito + resultados = promoção. O fato é que minha maior motivação era financeira e a partir daí tudo foi encaixando-se e eu não podia ficar parada esperando as coisas acontecerem, fiz minha parte. Fui estudar, finalmente eu podia bancar uma pós-graduação em uma universidade bacana, mastiguei e engoli todas as informações e conteúdos que pudessem melhorar meu repertório do ponto de vista de gestão e posicionamento executivo, além disso trabalhei para me nutrir e me preencher como pessoa, queria estar pronta para todas as oportunidades que surgissem dali em diante e, como foram muitas nesses anos, quero destacar a divisora de águas, em todos os sentidos.

Em 2020, no auge da pandemia, estávamos todos em regime de *home office* e a única certeza que tínhamos é que nada era certo, tudo poderia simplesmente evaporar no dia seguinte. Neste mesmo ano, passei por uma breve separação de um casamento de 12 anos e tudo que girou ao redor desse contexto foi muito intenso, nesse período tive a experiência de dividir apartamento com uma prima muito especial e foram meses inesquecíveis. Durante todo esse processo recebi a notícia de que assumiria um novo desafio como executiva de uma cadeira de *Customer Experience*, foram inúmeras as lições, mas de cara tive a primeira: as oportunidades não vão esperar sua vida se organizar para elas aparecerem, mesmo assim, coragem e abrace-as, elas podem não surgir novamente. Assumir essa área no contexto que estava vivendo me colocou em um lugar que jamais tinha experimentado, pela primeira vez eu não tinha certeza se estava no caminho certo, comecei a questionar meus objetivos, me perguntar qual meu propósito e que tipo de líder eu queria ser. Considerando um contexto pandêmico, a separação e um novo desafio com meu corpo, que por mais que eu não quisesse reconhecer começou a dar sinais de que eu precisava olhar para dentro com mais carinho, e em meio a algumas crises de ansiedade busquei a linha do autoconhecimento, a terapia entrava na minha vida para nunca mais sair, e essa foi minha segunda lição: negligenciar a saúde física e principalmente mental vai te trazer consequências mais cedo ou mais tarde. Felizmente eu consegui paralelizar meu processo com o dia a dia de trabalho, não precisei escolher, algumas pessoas não têm a mesma oportunidade e eu sou muito grata por ter tido esse privilégio.

Desde então já são quase quatro anos e tudo mudou, há quase dois anos estou em um novo desafio como executiva sênior em uma área de Customer Success e ter iniciado um processo de autoconhecimento mudou minha vida e me apoia inclusive em processos de *feedback*, tenho convicção de que parte dos problemas relacionados à saúde mental podem ser minimizados e até evitados com conversas abertas, estruturadas e respeitosas entre líder e liderado.

Hoje, um pouco mais madura e experiente na liderança de equipes, fortaleço todos os dias o meu propósito de desenvolver profissionais capazes de enxergar seu valor dentro de um time, que entendam como suas qualidades impactam positivamente o negócio e que possam reconhecer as oportunidades de melhoria que todos nós temos, sempre. Somado a isso estamos vivendo um momento desafiador, pois temos três gerações atuando no mercado de trabalho, como gestores nosso desafio aumentou, portanto, estudar para se comunicar com todas elas é *to do* obrigatório, além de ter uma boa comunicação, gerir conflito é requisito básico. Em cima disso, de tempos em tempos volto lá atrás, na época em que me tornei líder-chefe pela primeira vez, faço isso para refletir sobre uma trajetória de conquista, evolução e principalmente para ajustar rotas, são outros tempos. É preciso ser corajoso para enfrentar os desafios do mundo corporativo, confesso que por muito tempo não fui, por anos me dividi em duas pessoas, uma dentro e outra fora da empresa, talvez para preservar uma imagem e evitar julgamentos, até que em meu processo de autoconhecimento descobri que não precisava disso e que na verdade demonstrar vulnerabilidade apoia na construção do vínculo com líder, pares e time.

Por fim, quero fechar este capítulo compartilhando um *case*, meu maior orgulho ao longo desses 19 anos de carreira até aqui que para mim é de sucesso e eu espero que possa de alguma maneira tocar você que está lendo. Ser reconhecida por ter uma liderança horizontal, humana, que acolhe sem julgar e lidera pelo exemplo, não tem preço. No livro "A coragem de ser imperfeito" Brené Brown reforça o quanto precisamos nos autoconhecer de verdade para sermos líderes e principalmente pessoas melhores. Esse é meu livro preferido, acredito que, em tempos em que o espaço cresce para a inteligência artificial, é preciso normalizar sermos humanos.

Sempre gostei das senoides

Renata Prieto

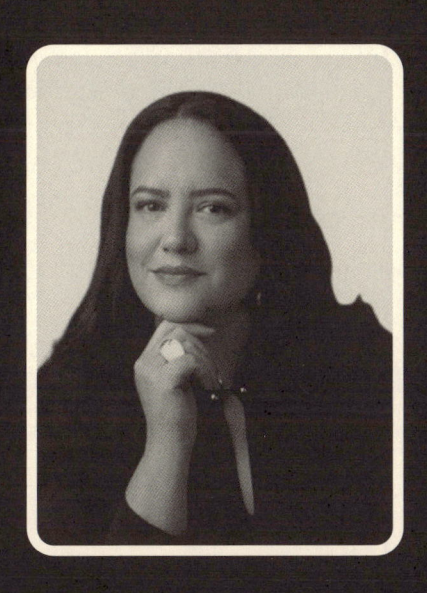

Diretora financeira da Surf Telecom, Engenheira Eletricista e de Telecomunicações formada pela FEI, pós-graduada em Finanças pelo Labfin, em Controladoria pela Saint Paul e em Gestão Empresarial pela FGV/SP, atualmente cursando Mulheres na Liderança pelo MIT. Atua há 27 anos no mundo das Telecomunicações. Passou pelas principais Telcos do Brasil: Telefônica, Nextel, Claro, TIM e Telefônica de Espanha. Iniciou sua carreira nas maiores fornecedoras de soluções para Telecom, Nec e Ericsson. Foi na Ericsson que descobriu seu primeiro propósito da vida corporativa, usar a tecnologia como meio para levar a informação, apoiar a educação e prover comunicação aos brasileiros. Atualmente atua na Surf Telecom, que é a principal MVNO do Brasil, seguindo no propósito de levar conexão e ampliar as ofertas para todas as classes sociais com o modelo pré-pago de telefonia móvel. Coordena as equipes de FP&A e financeiro/tesouraria para garantir que os recursos necessários cheguem a todas as áreas da empresa e possam oferecer o melhor serviço aos clientes.

LINKEDIN

Perfeição

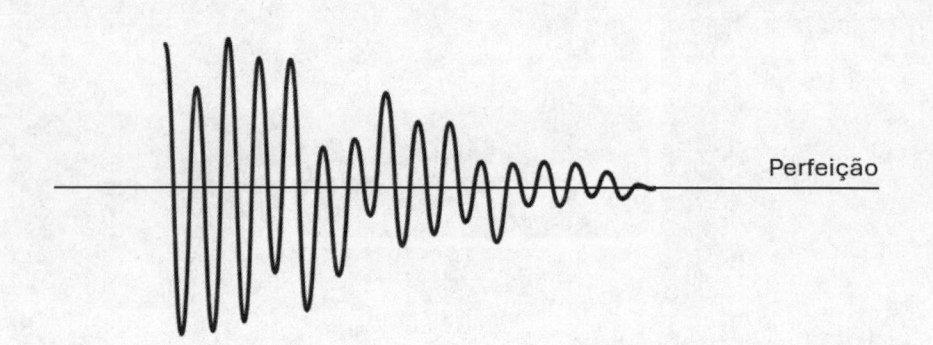

Sou a filha mais nova de oito irmãos. Meu pai nasceu em 12 de julho de 1923 e minha mãe em 2 de dezembro de 1928, em uma pacata cidadezinha do interior de São Paulo chamada Monte Alegre do Sul.

Eles se mudaram para São Caetano do Sul antes de eu nascer. Quando eu nasci, minha mãe tinha 45 e meu pai 50 anos. Nada fácil na época, já com sete filhos e, depois de dez anos sem gestar, ter mais uma filha.

Lembro-me que morávamos na casa de um tio, na qual tínhamos apenas um quarto, sala, banheiro e cozinha. Todos os meus irmãos trabalhavam para ajudar nas despesas da casa e custear seus estudos.

Meu pai construiu a nossa casa com ajuda do meu irmão mais velho e alguns tios. Era um sobrado que parecia enorme, três quartos grandes, sala, cozinha, banheiros, garagem e quintal, mas num bairro novo, ainda em formação e distante do centro da cidade, do restante da família e "de tudo".

Tivemos que nos adaptar e seguir vivendo na medida em que o tempo passava e chegavam outras famílias, infraestrutura e vida social.

Enquanto meus irmãos se formavam na faculdade e começavam a construir seus próprios caminhos — trabalho, casa, família — eu adorava brincar na rua com os vizinhos, andar de bicicleta, semeando meus próprios sonhos.

Estudei eletrônica na ETE Lauro Gomes. Para falar a verdade, não sei bem como fui parar na escola técnica, mas foi um dos melhores cursos que já fiz e que me abriu novos horizontes. Não foi nada fácil, nós meninas enfrentávamos preconceito por estarmos num ambiente majoritariamente composto por meninos.

No início, senti bem a inversão do positivo para o negativo, foi a 1ª vez que associei meu caminho com uma senoide: sair do conforto do lar para enfrentar o completo desconhecido mundo das escolas técnicas, que só quem estudou nelas sabe o que estou dizendo. Esse movimento despertou uma guerreira em mim.

Naveguei pelo lado negativo da curva nos três longos anos de curso integral, entre trotes, apelidos, piadinhas, bandejão ou marmita no almoço, transporte público precário, muitas provas difíceis e poucos amigos.

Foi lá que tive acesso pela primeira vez a um computador, ao osciloscópio, ao mundo das ondas elétricas.

A primeira experiência com o multímetro foi um desastre. Pedi para meu sobrinho segurar enquanto eu medisse a continuidade dos fios do chuveiro. Falei para ele me avisar se o ponteiro se movesse muito rápido. Podem imaginar o que aconteceu? Sim, não deu para ver o ponteiro porque estava medindo a tensão, ou seja, o multímetro explodiu.

Eu estudava muito, acordava às 2 horas da madrugada e passava o dia estudando. E essa é a primeira das técnicas do sucesso, ou você tem talento ou você tem muita dedicação, estudo e treino. E se você juntar essas habilidades o resultado positivo será uma consequência natural.

Nas férias do meio do 2º ano meus irmãos compraram um PC através de um consórcio. Passei as férias desbravando o computador e digitando uma apostila para o professor de elétrica, e no final, como agradecimento, ele me deu um livro: "O menino maluquinho". Acho que minha paixão pelos livros nasceu ali e a segunda técnica: a leitura. Leia sempre, leia sobre tudo, envolva-se com a literatura, ela expand nossa capacidade de processamento e imaginativa, além de abrir muitas outras portas.

O caminho da escola técnica para a faculdade de Engenharia foi natural, quase que uma continuidade, na mesma cidade e com muitos colegas do ensino médio.

A principal diferença é que os cinco anos de faculdade foram os melhores da minha vida até aquele momento. Nova inversão da curva. Eu curti tudo, as instalações, as aulas, as festas e a possibilidade de conquistar o mundo através da boa educação e de uma profissão.

Cursar Engenharia abriu a minha mente. Sentia o desenvolvimento pulsando dentro de mim, e a cada experiência mais e mais.

Logo comecei a estagiar. Primeiro na própria faculdade, com um professor de servomecanismo, depois no laboratório de metrologia, e então na Brastemp, uma fábrica de refrigeradores.

Assim que terminei a faculdade, ganhei de um dos meus irmãos uma viagem de formatura. Passei um par de meses em Londres. Foi a minha primeira viagem ao exterior.

Na volta da viagem, eu não era mais uma estudante: naquele momento eu era uma desempregada à procura de emprego, com as contas da casa para pagar.

Nova inversão da curva...

Em fevereiro de 1997, através de uma amiga iniciei minha carreira no mundo das telecomunicações. Comecei a trabalhar na Ericsson, uma empresa sueca, com processos bem definidos e muitos bons profissionais. Foi lá que me apaixonei por Telecom e identifiquei a terceira técnica: contatos. Hoje chamamos de *networking*. Fazer amigos, estar próxima das pessoas que pensam como você e/ou que estão onde você quer estar, se interessar genuinamente pelas pessoas que cruzam nosso caminho.

Comecei fazendo documentação para licitações e logo em seguida já estava fazendo projetos de comutação e propostas técnico-comerciais.

Éramos um grupo grande de recém-formados em busca de crescimento. Não víamos as horas passarem realizando os mais diversos projetos. Foi nesse ano que o www começou a ganhar adeptos, não sabíamos direito como usar e o que fazer com aquela nova tecnologia, algo como o que a inteligência artificial é para nós nos dias de hoje.

A dedicação nos projetos me fez entender o sistema de comunicação brasileiro. Antigamente, os projetos eram feitos central a central. Com a evolução, as funcionalidades da central foram separadas por camadas de funções, o que permitia agilidade e eficiência na operação e evolução das redes e hoje em dia tudo está na nuvem.

No ano 2000, logo depois do famoso "bug no milênio", recebi um convite para trabalhar no planejamento técnico da gigante recém-chegada no Brasil, a Telefonica.

Fazer parte do movimento que buscava garantir acesso aos serviços de telecomunicações para toda a população brasileira, independentemente da localização, promovendo o início da inclusão digital e o desenvolvimento do país me enche de orgulho. Inicie do lado dos fornecedores e depois da provedora de serviço desenhando e depois implantando os projetos para cumprir as metas de universalização das telecomunicações especificamente em São Paulo.

Em 2001 me casei e fui mãe pela primeira vez em 2002.

Das áreas técnicas migrei para o planejamento estratégico, onde pude entender o que fazíamos com a tecnologia para gerar benefícios aos clientes e resultados financeiros para a companhia.

Em 2006 descobri o mundo da controladoria, foi amor à primeira vista, me apaixonei pelo controle de gestão, controladoria e finanças. Transformei a análise de investimentos de uma visão estritamente técnico-financeira através de um olhar mais amplo, unindo o financeiro com o técnico. Foram anos de muito trabalho e aprendizado.

Eu estudava a arquitetura implantada na rede com os projetos e produtos que as áreas de desenvolvimento e comercias criavam e implantavam brilhantemente.

É quase impossível separar vida pessoal e profissional. Foi nesse momento que intensifiquei o uso das técnicas que eu havia desenvolvido e que passaram a me ajudar a trabalhar e viver melhor.

A quarta técnica é entender o sistema. Cada lugar, cada empresa, cada grupo de pessoas funciona harmonicamente em um sistema próprio e entendê-lo é fundamental para conseguir fazer parte e produzir mais e melhor.

Ensinei ao meu filho para que ele pudesse entender o sistema e aplicar as técnicas ainda criança com a expectativa de que isso pudesse facilitar o seu caminho.

A quinta técnica é uma das que mais gosto: a técnica da observação.

Essa ainda é uma técnica muito válida e aplicável em qualquer área da nossa vida, seja pessoal ou profissional. Se você não sabe bem como deve se comportar numa determinada situação apenas observe e encontrará respostas nas outras pessoas e situações.

Trabalhei na Telefonica Brasil até 2011, quando participei de um processo seletivo para uma posição global em Madrid e fui escolhida entre participantes dos mais de 23 países em que a empresa tinha presença.

Eu já tinha passado quatro meses na Espanha em 2010 num programa de rotação, mas nada se compara ao momento em que você recebe um crachá no país sede da empresa em que você trabalha.

Em outubro daquele ano eu descobri que estava grávida, aos 40 anos.

Passei muito mal, sozinha, porque meu marido e meu filho só iriam se mudar para a Espanha no ano seguinte.

Foi quando decidi pedir demissão e voltar para o Brasil. Nova inversão da curva. O sonho de uma carreira internacional se transformou em 1,4 ano de desemprego e solidão corporativa.

Como o mundo da Telecom é grande e cheio de oportunidades, acabei voltando para uma posição de coordenação na área de marketing com canais *dealer* PJ, o famoso B2B, através de um contato da Telefonica.

À medida que vou adquirindo experiências e formando minha caixa de ferramentas corporativas, percebo que a senoide vai invertendo de positivo para negativo e diminuindo o valor de pico, tendendo a ficar próxima do eixo o qual denomino de perfeição.

O movimento da curva de idas e vindas invertendo o sentido não o leva para o mesmo lugar de antes, e sim para um momento completamente diferente.

As experiências adquiridas com acertos e erros me tornaram cada vez melhor tecnicamente falando.

Do marketing da Nextel/Claro para a área de experiência do cliente na TIM foi um recomeço.

Passei por uma empresa brasileira de tecnologia no interior

de São Paulo onde aprendi muito sobre conectar pessoas para transformar vidas.

Não sei exatamente o momento em que aprendi sobre determinar metas *smart*, mas de lá para cá traçar objetivos claros com prazos e identificação de caminhos me permitiu atingir muitos objetivos e ampliar cada vez mais minha capacidade de gerar resultados.

Nunca mais parei de usar e comecei a transmitir para as pessoas que trabalhavam comigo.

Esse é um lado interessante da minha jornada profissional. Há vários tipos de pessoas, mas duas em particular sempre cruzam meu caminho. As que usam meus ensinamentos e se desenvolvem, indo muito além de mim, e as que repudiam completamente, olhando para o lado oposto do que eu desejo transmitir.

Até hoje recebo agradecimentos das pessoas que aprenderam comigo a se desenvolver, as que se dedicaram ao estudo e moveram suas vidas dia após dia, crescendo profissionalmente e vivendo mais felizes fora do mundo corporativo.

Novo convite para voltar para Telecom veio quando tinha quase 50 anos, uma proposta irrecusável para assumir a diretoria administrativo-financeira de três das empresas de um novo grupo, o que trouxe nova inversão da curva depois de um ano. Foi a primeira vez na minha carreira que fui demitida.

Eu sempre tive muito medo de ser demitida, mas confesso que a experiência não foi tão ruim assim, tirando o lado financeiro, é claro.

O que eu pensava que seria o fim se transformou em um novo começo. Sexta técnica: desistir jamais! Tente vários caminhos diferentes até conseguir.

No final do ano passado recebi uma proposta vinda do LinkedIn para assumir a área financeira da Surf Telecom, uma empresa jovem e com uma direção de altíssimo nível. Lá todo mundo trabalha no *flow*. Somos respeitados e podemos transformar minutos de conexão em oportunidades para a empresa, para os parceiros e para a população de todas as classes sociais.

Olhar para trás me faz perceber a beleza do caminho. Faça as coisas com energia positiva, ânimo, entregue-se por inteiro ao que se dedicar a fazer porque, se ficar se preocupando com as críticas ou os comentários dos demais, não conseguirá atingir seus objetivos.

Que lição eu tiro da vida profissional? Que conselho eu daria para o meu eu de ontem?

Seja você, agarre as oportunidades, estude muito e guarde a maior parte do seu salário. Aprenda a viver cada vez com menos e seja feliz hoje.

Sétima e última técnica: mudanças. Não importa como as coisas estão, elas vão mudar, aprenda a viver bem mesmo na incerteza.

A vida é cheia de altos e baixos, mas a cada inversão da curva estaremos mais preparados e seremos melhores, não importa muito de onde viemos, e sim o que conseguimos visualizar e produzir com o que temos.

Meu mundo corporativo ficou muito mais bonito por causa da Telecom.

As telecomunicações desempenharam um papel fundamental em minha jornada, conectando-me com oportunidades profissionais, permitindo-me conciliar minha vida pessoal e profissional, e mantendo-me em contato com entes queridos, independentemente da distância.

Hoje eu posso dizer que realizei todos os meus sonhos de menina, casada há 23 anos, dois filhos maravilhosos, dois cachorros recém-chegados. Sigo morando com a minha mãe de 95 anos que me mantém conectada com as boas lembranças e me dá força para enfrentar qualquer desafio e viver bons momentos juntas.

Agradeço a todas as pessoas que já cruzaram meu caminho, pois foi graças a elas que cheguei até aqui.

Não desisto nunca, me reinvento a cada ano, sigo sonhando novos sonhos e tenho saudades até do que ainda não vivi...

De assistente a gerente...

Tatiana Soares

Head em telecomunicações na frente de operações. Pós-graduada em Call Center, MBA em gestão de pessoas, visando sempre o aprendizado, cursando na FGV Inteligência Emocional e resiliência. Desde 2004 iniciou sua carreira em telecomunicações com foco em construir relacionamento diferenciado com os clientes, colaboradores e parceiros. Executiva com experiência em gestão de projetos, entregas e operações, com excelência em atendimento ao cliente.

LINKEDIN

"Nunca olhe para o retrovisor da vida, você sempre ganhará olhando para frente!!" Tatiana Soares, 2024

Antes de apresentar aqui o meu humilde relato sobre minha trajetória profissional para contribuir com este projeto lindo, sobre nós, mulheres do mundo de Telecom, agradeço primeiramente a DEUS e à minha família que amo tanto, se cheguei até aqui é pelo o fato de ter dois grandes pilares, DEUS e FAMÍLIA.

Uma apresentação rápida: eu, Tatiana Soares, 44 anos, mãe, esposa, avó e MULHER DE TELECOM. Filha de duas pessoas maravilhosas, que me ensinaram pequenos valores: ética, confiança e garra, isso mesmo, três palavras que aprendi ainda jovem, mas que carrego e vou levar para toda a minha vida.

Nasci em Fortaleza, capital do Ceará, e quando estava com nove meses meus pais, envolvidos na esperança e no sonho nordestino de melhorar a vida, vieram para a tão falada São Paulo. Aqui fui acolhida pela cidade, e aprendi a falar, andar, estudar e estudar.

Claro que como toda família pobre no subúrbio da zona sul de São Paulo a situação não foi fácil. Conforme eu crescia, aumentavam as dores e as dificuldades do entendimento dessa vida tão complicada. E foi muito jovem, ainda criança, que aprendi o significado da palavra garra. Meus pais trabalhavam dia e noite para manter o mínimo necessário à mesa. Acompanhava de perto as preocupações diárias entre a escolha de pagar uma conta ou ter comida no prato.

Fui mãe solo muito jovem e aos 14 anos comecei a trabalhar, por isso foi necessário interromper naquele momento o ensino médio para criar minha filha. Lutava dia após dia, com muito fervor, acreditava que essa situação iria melhorar e depois de três anos tive um novo desafio, ser mãe pela segunda vez, aos 17 anos. Eu me tornei feirante e minha rotina era acordar às 5 horas da manhã, montar minha barraca, trabalhar até às três horas da tarde ou mais e voltar para casa, dar atenção e criar as minhas duas meninas lindas, Sabrina e Stefany.

Durante o período de sete anos, após o nascimento da minha segunda filha, toda atividade remunerada era aceita e bem-vinda. Os chamados popularmente de "bicos", ou seja, os trabalhos informais, eram da maior importância, porque traziam o sustento do meu lar, que tinha as duas partes de mim mais importantes, minhas duas filhas.

Olho a partir dos dias atuais e vejo que minha vida foi muito contrária ao que se diz ser comum. Geralmente as mulheres estudam, casam, têm filhos, e constroem uma vida profissional. A minha foi um pouco diferente, já revelando antecipadamente, porque primeiro fui mãe, depois estudante, esposa, e profissional reconhecida.

Em alguns momentos, nem dá para acreditar! Não quero ser clichê, mas foram 20 anos de trabalho muito árduo, poucas horas de sono e superação constante. Que resultaram em 20 anos de muito orgulho, aprendizado e sucesso. O que eu posso dizer é: trace o seu objetivo, olhe para frente, para cima, acredite nas pessoas e, principalmente, em si mesma, pois você é o único caminho para conseguir o que quer.

Em 2004, com meus 24 anos, recebi um convite para trabalhar

na empresa Telefonica, em um projeto bem interessante, o Intragov. E foi nesse momento que iniciei minha vida profissional em um CNPJ. Tive aqui a certeza de que sonhos podem se tornar realidade. A sensação que me dá ao lembrar dessa época é que a oportunidade de um trabalho formal despertou a MULHER que tinha em mim e a FÉ no impossível, que nunca havia imaginado ter.

Confesso que me deparei com um mundo muito hostil. Saber se comportar em um ambiente formal foi o maior desafio, para quem nunca vivenciou uma cultura organizacional é difícil entender as necessidades e perceber as diferenças do relacionamento interpessoal. Totalmente crua, é comum nesse cenário sofrer humilhações e injustiças. Foi exatamente por isso que a reação de ser dona da minha própria história me invadiu.

Decidi encarar um novo dia como um novo desafio para compreender a escalada dessa parede do relacionamento interpessoal. Ao mesmo tempo, voltei meus olhos para mim e evoluí, retomei os estudos para finalizar o ensino médio que havia deixado. E, quanto mais eu fazia tanto dentro quanto fora do ambiente corporativo, mais queria e via que precisa fazer. Em uma área totalmente masculina fui construindo aos poucos o caminho do reconhecimento. Vendo e sendo vista, recebi um novo convite para atuar em uma célula de pós-venda de saída nacional.

Essa mudança gerou mais vida em mim, no dia a dia queria entender e aprender. Cada palavra nova foi criando forma: modem, roteadores, RJ 45, rádio, *last mile*. Mais uma vez, não me importava de ficar mais tempo no meu trabalho, nesse período tive apoio de muitas pessoas, pois tinha uma jornada dupla, mas era impossível não participar do momento histórico na área da Telecom.

O maior problema nessa área é o comportamento e as crenças que as pessoas, infelizmente, ainda têm. Esse mundo de Telecom é totalmente masculinizado, com muita discriminação e humilhação. Mas, entre lágrimas e sorrisos assumi o papel de líder técnica da área de pós-venda devido aos esforços reconhecidos. E foi nesse momento que a faculdade deixou de ficar no papel e se tornou possível, uma realidade muito mais estimuladora.

O que era uma jornada dupla virou uma jornada tripla, mas meu sobrenome passou a ser entusiasmo. Alguém me disse que entusiasmo é "estado de exaltação do espírito de quem recebe algo, por inspiração divina". E dessa forma, com inspiração divina: de Deus, vários anjos e minhas filhas, fui superando cada uma das dificuldades.

Quebrei tantos paradigmas, me obriguei a enxergar novas perspectivas e possibilidades. Era possível parar e seguir com uma vida razoável, mas isso não foi minha escolha. Planejei alguns critérios e elevei o patamar dos novos desafios, buscava então mudar de papel de consumidora de serviços de Telecom para ser fornecedora de serviços e produtos.

Uma oportunidade surgiu na Telemar, passei no processo seletivo para atuar na área de projetos. Porém, às vezes o ditado "alegria de pobre dura pouco" é uma verdade. Nesse período a vaga foi congelada, mas permaneci firme e continuei empenhando meu papel na Telefonica, recuperei rapidamente minha motivação, assumi um novo projeto, que executei com excelência. Continuava a dar o meu melhor todos os dias, quando a Telemar me chamou novamente e lá fui eu para uma empresa que tinha no mercado a promessa de crescimento e revolução na área de Telecom.

Agora sim, em 2008 saí da posição de consumidora para fornecedora de Telecom, e não foi para qualquer empresa, nesse período como assistente técnico tive a oportunidade de abrir o mercado para as ISPs, ou seja, as pequenas operadoras de Telecom, oferecendo soluções da Telemar que estava com várias propostas arrojadas no mercado. Um novo desafio pessoal também surgiu, uma nova vida também floria em meu jardim, era a Sophia.

Novamente me vi diante de situações desagradáveis que me puxaram para baixo por um período, até decidir que "eu sou a protagonista da minha história". Não vou parar diante dessa situação, o que eu sempre digo: "foguete não da ré", então, segui para cima. Foquei o meu trabalho e novamente fui reconhecida. Depois de nove meses tive dois presentes, um o nascimento da Sophia, e após minha-licença maternidade a promoção para o cargo de gerente de projetos nível um. Ambos resultados do meu esforço como mulher.

Foi na Telemar que conheci o papel do *coach*, de maneira informal, foi a primeira mulher com que tive contato em Telecom que assumiu um papel de gestão em uma empresa da área, Priscila Loyola. Tenho muita gratidão porque foi com a visão dela que uma das minhas missões de vida foi estabelecida, que é a importância do papel da mulher nas organizações.

Na Telemar eu vi mais uma vez a mudança de cultura e esperança para um ambiente mais equalizado entre homem e mulher. Essa empresa tinha metas e propostas para a inclusão de mulheres na Telecom. Chegou a ser publicado que após a reestruturação Telemar/Oi tínhamos o maior índice de mulheres atuando na área de Telecomunicação de forma ativa e participativa. Mas a imagem da Oi/Telemar ficou prejudicada politicamente, não vejo necessidade de entrar nos detalhes, e devido a essas questões era a hora de mudar e nesse momento recebi um convite para fazer parte da empresa Avvio. Era o ano de 2015 e a proposta era trazer um novo olhar para atendimento aos clientes na área de pós-venda. Novamente meus olhos brilharam e percebi que era disso que precisava e a empresa também necessitava de pessoas com a minha visão e experiência.

Não foi fácil trabalhar dez horas por dia. Tive a minha primeira experiência com um gestor homem que acreditava em mim. Sou muito grata a Leonardo Correia, com ele vi uma esperança na mudança daquela crença machista. Ele tornou realidade a minha missão, até então sonhadora, que é: olhar para o profissional, simples assim, sem nenhum rótulo ou preconceito. O Léo acreditava em mim, no meu potencial, ele via o profissional, não qualquer estereótipo, como mãe e mulher.

Pela primeira vez tive a certeza da minha missão, que é "desenvolver pessoas de maneira que entendam que o mundo de Telecom e ser líder não precisa ser sofrível". Na verdade, nada precisa ser sofrível ou tóxico, é com a leveza e o respeito que se conquista o outro. Isso me fez tão mais forte, tão mais segura de mim e certa de que toda a minha vida me levou a esse propósito que é o de desenvolver pessoas.

A Avvio iniciou seu projeto de renascimento como Vogel e começou a adquirir algumas empresas de Telecom. Como coordenadora, meu objetivo era aplicar a integração para apresentar a nova cultura da organização após a sua venda. A primeira experiência dessa nossa atividade foi também minha primeira viagem de avião para Porto Alegre. Lembro como se fosse hoje, pegamos uma turbulência tão grande que eu fiquei com tanto medo que apertava a mão de um homem que estava sentado ao meu lado no avião. Tinha 36 anos nessa experiência e recomeço.

Depois dessa minha primeira viagem de avião, comecei a gostar da experiência e fui para outras regiões do Brasil com essa missão, de implantar uma nova cultura nas empresas adquiridas pela Vogel. Foi dessa forma, estrategicamente comecei a participar da gestão de um novo negócio. Esse movimento entre ponte aérea, hotéis e casa só se tonou possível com a ajuda de uma pessoa que foi meu pilar de sustentação, meu esposo, amigo e companheiro, Mario.

Depois desse período de aquisições tive o contato com um novo gestor, que foi um mentor na arte de orientar. O Denio Portella me fazia questionar e refletir o tempo todo, me desafiava a sair da visão operacional para a estratégia, dizendo sempre: "Enquanto você pensar no operacional nunca será estratégica". Sentia-me como um passarinho, dentro de uma gaiola aberta, mas sem asas para voar, e foi essa sensação de autorreflexão e autogestão que fez parte do meu dia a dia.

Na Vogel, tive oportunidade de trabalhar com muitos

gestores que acreditavam mais em mim do que eu mesma, eles me ajudaram a ver meu reflexo além do espelho. Na sequência assumi meu primeiro cargo de gerente com vários desafios incríveis em que contei com o apoio de pessoas importantes na minha jornada. Foi com esse time que: implantamos uma central de atendimento na Vogel; automatizamos processos; trabalhamos o relacionamento com o cliente por meio de uma célula de especialistas; inovamos o mercado com o pré-atendimento da CRV – Central de Relacionamento Vogel; desenhamos do zero estruturas e processos para o relacionamento com o cliente de uma empresa de Telecomunicações.

E em 2020 veio a pandemia e a necessidade do *home office*. Nesse mesmo ano fui diagnosticada com câncer, a solidão foi intensa. Com o cenário pandêmico não podia contar com a companhia de minha família, estaria colocando em risco os meus entes queridos. Foi um ano de tratamento muito solitário, com algumas cirurgias, vários exames, visitas ao médico e sozinha.

Foram algumas cirurgias entre 2020 e 2021, tratamento intenso, dores intermináveis, perdi prazeres simples do meu dia a dia. E a maior preocupação era poupar meu esposo e minhas três filhas de qualquer contato com os hospitais e clínicas. Foi um período de medo que passou. Recebi a alta e voltei para a Vogel e assumi mais um novo desafio: estruturar e implantar uma nova arquitetura de área, o COC – Centro de Operações do Cliente.

Em agosto de 2021 a Vogel foi vendida para a Algar Telecom, vivenciei mais uma transição com muito entusiasmo. Em plena transição organizacional, devido à venda da Vogel fui promovida para gerente operacional de campo com o projeto Falcon, no qual liderava 330 colaboradores, desses apenas dez eram mulheres. O cenário se inverteu completamente, toda a parte administrativa e de gestão passou a ser liderada por uma mulher.

No projeto Falcon tive os seguintes desafios: gerenciar os supervisores e técnicos das regiões do Rio de Janeiro, Espírito

Santo, Campinas e São Paulo; criar uma área de NOC Fiber; reestruturar a base de operações da equipe; integração e implantação da cultura Algariana; revisar e montar novos processos para um atendimento efetivo; sair em campo e acompanhar como auditora de qualidade as atividades e o cenário de atuação dos técnicos; garantir a integridade e segurança dos colaboradores.

No período de Algar tenho a segurança de afirmar que foi um dos meus maiores êxitos profissionais. Claro que houve momentos em que estava cansada, pensava em desistir, mas quando chegava na base e via os colaboradores, que mal me olhavam nos olhos e depois de um mês começaram a me respeitar não só como líder, mas também como um ser humano que estava ali abraçando-os, me sentia muito bem.

Consegui fazer o que eu desejava que tivessem feito comigo, lá no início da minha careira. E eu vi a diferença em cada um; a gratidão entre eles; a linguagem respeitosa nos relacionamentos; o cuidado de um para com o outro. E foi assim que em janeiro de 2023 houve o rompimento de contrato com a Algar e a certeza da vitória, do sucesso, da honra de uma missão cumprida. Sei que isso é privilégio de poucos, por isso sou muito grata.

O melhor é poder continuar crescendo e sendo reconhecida pelo mercado como uma excelente profissional mulher da área de Telecom. Depois da minha demissão da Algar, em menos de dois meses, em março de 2023, fui convidada para ser *head* da área do NOC na empresa WCS. Hoje na Cirion, sigo inovando entre meus pares; buscando implantar uma cultura de excelência no relacionamento ao cliente; demonstrando a importância da relação interpessoal; aplicando os conceitos de cliente externo e interno; falando a linguagem dos números e resultados para os demais *heads* da organização; melhorando o desempenho da área; reestruturando; desenvolvendo pessoas e, principalmente, provocando novas visões e reflexões em todos que me cercam.

É assim que sigo, focada na excelência, dando o meu melhor, cuidando dos meus e, principalmente, sendo feliz!

Vencendo Desafios e Celebrando Conquistas

Zuleica Pereira Ivo Rodrigues

Graduada em Direito, Pós-graduada em Direito Tributário e em Gestão de Negócios com Ênfase em Marketing, fez diversos curso de aperfeiçoamento e extensão no Insper, FGV e ESPM. Principais áreas de atuação: Direito Empresarial, Contratual, Imobiliário, Consumidor, Regulatório, Compliance, LGPD, Franquias, Licitações, Financeiro, Societário, Seguros. Atuou no setor público como escrevente concursada, nos Fóruns Cível e Criminal. Como advogada, iniciou na indústria automobilística, na Volkswagen do Brasil. Desde 2008 até os dias atuais, atua no setor de telecomunicações, em empresas nacionais e multinacionais (Algar Telecom, Ericsson Brasil e QMC Telecom). Fui membra da Anfavea e da Conexis Brasil, integrante do Grupo de Trabalho que elaborou o Código de Boas Práticas de Proteção de Dados para o Setor de Telecomunicações. Atualmente é membra do Comitê de Relações Governamentais da Abrintel.

LINKEDIN

Como ponto de partida, gostaria de propor-lhes que desenhem um cenário de seu futuro e imaginem onde desejam estar nos próximos 5, 10, 20 anos... Qual é seu propósito? Resposta, sem dúvida, complexa e, quero crer, exercício muito útil; logicamente serão necessários ajustes ao longo do tempo, mas isto certamente enriquecerá seu ensaio.

Vou contar-lhes alguns aspectos de minha vida pessoal e profissional, apenas como referência, para que vocês façam exercício semelhante, tendo em vista suas formações, preferências, experiências, possibilidades, anseios...

Então, vamos começar?

Meu nome é Zuleica. Sou consultora jurídica com atuação há mais de 20 anos na área jurídica e há 15, em empresas de telecomunicações nacionais e multinacionais.

Sou apaixonada pelo NOVO, por APRENDER, por DESAFIOS; aproveito cada oportunidade e lição para EVOLUIR. Valorizo e agradeço pela oportunidade de acordar todos os dias e empenho-me para fazer o melhor! Trabalho, estudo, cuido da família, enfrento desafios, venço-os ou supero-os, caio, levanto, acerto, erro, recomeço, sinto as mudanças no corpo, na mente e no meu ambiente, a partir de cada decisão tomada.

Minhas origens

Tive o privilégio de nascer em uma família de guerreiros, desbravadores e batalhadores. Meus avós, paternos e maternos, e meus pais, sempre foram meus exemplos. Incansáveis e disciplinados na missão escolhida de buscar, com ética e esforço, uma condição de vida estável, pessoal e profissionalmente, de modo a proporcionar aos filhos mais oportunidades em relação àquelas que puderam ter e usufruir. Todos eles sempre tiveram o estudo, os valores sólidos, a disciplina e a fé como únicas ferramentas disponíveis para atingir os objetivos colimados.

Meu avô e tio-avô maternos, filhos mais novos de uma família de nove irmãos, viram o patrimônio dos meus bisavós, fazendeiros do interior de São Paulo, ser totalmente dilapidado. Com pouquíssimas condições para se manter, vieram para a capital de São Paulo para cursar Contabilidade e trabalhar para proverem o sustento. Minha avó materna administrava a casa e cuidava da família para que tudo estivesse em ordem e todos estivessem bem. Minha mãe nasceu, cresceu, estudou muito com o apoio dos meus avós e tio-avô; formou-se advogada com muito esforço, determinação, dedicação e também privações.

Meus avós paternos, nascidos em Portugal, vieram para o Brasil ainda crianças. Meu avô paterno trabalhou como zelador em um edifício de alto padrão no centro da cidade de São Paulo. Minha avó paterna também sempre se dedicou às atividades de administradora da casa e aos cuidados com meu pai e com a família. Naquela época, era praxe que o zelador e sua família residissem em um apartamento no mesmo edifício; e graças à indicação de um morador desse mesmo condomínio, meu pai conseguiu "bolsa" para estudar em um colégio particular muito conceituado em São Paulo. Essa oportunidade foi aproveitada por ele com muito afinco e foi a porta de entrada para que ele concluísse sua formação como economista e, posteriormente, com o incentivo de minha mãe, como advogado.

Meus pais, avós e tio-avô sempre ensinaram a mim e a meu irmão, a partir do exemplo, valores muito sólidos que se transformaram em princípios inegociáveis: fé, educação, respeito, empatia, ética, disciplina e foco. De modo instintivo e natural os transmito a meus filhos.

Mulher e suas multitarefas exigem múltiplas habilidades

Encontro em mim várias "Zuleicas": mãe, esposa, filha, irmã, profissional, nora, cunhada, amiga, estudante, dona de casa, esportista, todas elas curiosas e incansáveis na busca pela excelência. Reconheço uma mulher forte, decidida, segura, independente, racional, que sabe aonde quer chegar, conhece o caminho e está pronta para enfrentar os desafios. A partir da leitura do livro da autora Brené Brown, *Coragem de ser Imperfeita*, aprendi a enxergar e aceitar minhas vulnerabilidades e encará-las como motor de propulsão para superá-las. Descobri que cada uma das "Zuleicas" exige um rol de habilidades: objetividade, paciência, motivação, coragem, agilidade, organização, empatia, firmeza, acolhimento, resiliência, sensibilidade.

Zelo diariamente para que meus "Eus" entrem em cena e exerçam seus papéis no momento oportuno, de modo coerente. Como? Traçando as prioridades do dia.

Hoje, aos 50 anos, casada, mãe de dois filhos, atuando como consultora jurídica, já liderei a condução de inúmeros projetos estratégicos, participei do desenvolvimento pessoal e profissional de dezenas de pessoas. Considero-me muito feliz, realizada pessoal e profissionalmente, muito grata pelas conquistas, pronta para novos desafios e na busca contínua pela evolução como ser humano e como profissional.

Nem sempre é fácil!

Ao longo dos anos e com a maturidade adquirida a partir do aprendizado que a experiência de vida traz, tenho procurado extrair o melhor de algumas características de minha personalidade que, no passado, causaram-me desconforto. Compartilho a mais relevante: elevado grau de autoexigência.

Essa característica, que tem seu aspecto positivo, se levada ao extremo pode ser destrutiva, paralisante e, no meu caso, quase me levou ao *burnout*. Vou te contar...

Jornada Profissional

Minha jornada profissional teve início no primeiro ano da faculdade, quando ingressei como estagiária em renomado escritório de advocacia, na área de Direito Internacional. Posteriormente, atuei em escritório especializado em Direito Processual Civil, experiências muito ricas e que me introduziram no mundo jurídico.

No terceiro ano da faculdade, a primeira grande transição. A situação financeira de minha família estava difícil e, para complementar os rendimentos mensais, minha mãe sugeriu que eu prestasse concurso público para atuação no Tribunal de Justiça de São Paulo no cargo de Escrevente Técnica Judiciária. Fui aprovada e designada para o Fórum Criminal (Ministro Mário Guimarães), onde permaneci por três anos como assistente da Juíza. Na sequencia, por mais dois anos, trabalhei no Fórum Cível (João Mendes Júnior), na função de escrevente-chefe. Recordo-me de que o número de Juízas, Promotoras de Justiça, Procuradoras do Estado e mesmo de advogadas era substancialmente inferior, se comparado ao número de homens nas mesmas posições. Presenciei diversas situações em que homens, de diversas hierarquias, atuavam de modo altivo para com as mulheres, nitidamente com o intuito de subjugá-las. Essas experiências foram importantíssimas para mim como mulher, para meu amadurecimento pessoal, profissional, para meu engajamento definitivo, na luta contra a desigualdade de tratamento entre homens e mulheres.

Novo "ponto de virada" ocorreu quando, após concorridíssimo processo seletivo, fui contratada para uma vaga de *trainee* no Departamento Jurídico de uma montadora de veículos automotores alemã: primeira experiência corporativa, na qual tive a oportunidade de trabalhar com pessoas incríveis, projetos de relevância e líderes inesquecíveis, verdadeiramente éticos, empáticos e inspiradores. Em um ambiente preponderantemente masculino, consegui transitar por diversas áreas da empresa, apoiando os times de Planejamento da Rede de Concessionárias, Logística, Compras, Relacionamento com Consumidores, Ambiental, Financiamento de Concessionárias. Fui membra da Anfavea e atuei defendendo os interesses da montadora. Naquela época, há mais de 20 anos, tanto na liderança quanto no "chão de fábrica", a desigualdade de tratamento e oportunidades entre homens e mulheres, apesar de notada, era considerada "normal" e não era debatida com a veemência que ocorre nos dias atuais.

Em maio de 2002, casei-me com meu amado marido; em novembro de 2003 e janeiro de 2007 fomos abençoados com o nascimento de nossos maiores tesouros e razão de viver: nossos dois filhos.

Nova transição "radical" ocorreu em 2008, após oito anos de dedicação na indústria automobilística, quando fui convidada para integrar o corpo jurídico de uma operadora de telecomunicações em forte crescimento no Brasil, como advogada responsável pelos escritórios Regionais de Vendas de São Paulo, Rio de Janeiro, Campinas e Curitiba.

Vivenciei uma empresa ética e comprometida com a excelência em serviços e atendimento aos clientes. Conheci pessoas exemplares e fiz amizades para a vida. Liderei o time jurídico em projetos estratégicos dentre os quais cito o que envolveu a contratação de fornecedor europeu para construção de cabo submarino, em parceria com outras operadoras de telecomunicações multinacionais, interligando as Américas.

Outro projeto desafiador foi liderar o time jurídico, na implementação de procedimentos para assegurar o regular tratamento de dados pessoais de todos os *stakeholders* da operadora de telecom, a partir das normas da recém-publicada Lei Geral de Proteção de Dados.

Nos dois projetos a preponderância da liderança masculina era notável e foi muito enriquecedor perceber o processo de convencimento construído pela firmeza, conhecimento técnico e reiteração dos pontos de vista das mulheres dos times.

Ambos os projetos foram considerados "cases de sucesso"; ao final, a resiliência e o sacrifício foram recompensados e, em ambos, fui reconhecida e premiada pela qualidade da entrega.

Findo esse ciclo de oito anos atuando em empresa prestadora de serviços de telecomunicações, atuei em uma multinacional sueca fabricante de equipamentos para atender o mesmo setor de telecomunicações, onde exerci a função de consultora jurídica. Estar "do outro lado da mesa" e, assim, compreender as diferentes estratégias de negócios foi enriquecedor.

Na sequência fui convidada para ingressar em uma empresa multinacional de provimento e gestão de infraestrutura de telecomunicações, onde atuo até hoje. Mais uma vertente do mesmo e apaixonante segmento das telecomunicações.

Empresa ágil, em forte crescimento, ética, inovadora, com valores sólidos e incansável na busca do desenvolvimento da melhor entrega para o cliente.

Como consultora jurídica, ter essa trajetória "eclética" que se iniciou em escritórios de advocacia, passando pelo serviço público nas áreas cível e criminal, por montadora de veículos automotores e, finalmente, por três empresas de segmentos distintos no setor de telecomunicações, me permitiu desenvolver uma visão privilegiada, ampla e holística do negócio e suas implicações nos diversos ramos do Direito.

Duas palavras definem a minha jornada até aqui: GRATIDÃO e MOTIVAÇÃO.

Gratidão a Deus pela vida, pela saúde, pela lucidez, pelo acordar e pela capacidade de tomar decisões todos os dias.

Gratidão a meus pais, pela dedicação, exemplos, formação, ensinamentos, apoio eterno e amor incondicional.

Gratidão a meu marido, meu parceiro, minha primeira escolha para todos os momentos, melhor pai que eu poderia ter escolhido para meus filhos, por compartilhar a vida comigo, estar sempre a meu lado, amar-me, ouvir-me, aconselhar-me, compreender-me e apoiar-me.

Gratidão a meus filhos, que certamente não têm a menor ideia de como me inspiram e incentivam todos os dias, sendo exatamente quem são, e quanto são fundamentais e transformadores da minha vida: orgulho infinito e motivação para evoluir sempre.

Gratidão à querida coordenadora desta obra, Luciana Tannure, à Andréia Roma e ao time da Editora Leader pelo convite e pela oportunidade de compartilhar minha jornada.

Gratidão aos líderes e colegas de trabalho pelos aprendizados e troca de experiências.

E a MOTIVAÇÃO? Ahhh... faço um esforço diário para promover o seu renascimento a cada manhã, respiro fundo, agradeço e relembro da trajetória percorrida até então e aonde quero chegar.

Mas é evidente que minha vida não é feita de gratidão e motivação.

Não posso deixar de registrar que durante todos esses anos também tive muitos momentos de forte estresse; e, em um deles, estive à beira de um *burnout*.

Durante meses, meu marido e meus filhos percebiam mudanças em meu comportamento e me sinalizavam, incansavelmente. De modo irrefletido, imprimi uma rotina insana e exaustiva que se resumia em acordar, trabalhar, almoçar trabalhando, preparar o jantar e, após, seguir trabalhando até por volta das 23h. Por mais que eu trabalhasse, nunca era o suficiente. A autoexigência e perfeccionismo eram paralisantes. A carga e pressão impostas eram quase insuportáveis. Foram tempos muito difíceis e que me impingiram aprendizados.

Aprendizados em relação à importância do autocuidado, da autoconfiança, da força e do poder feminino.

Construção da família

Paralelamente a tudo isso, a parte mais importante da minha vida: minha família.

Equilibrar vida profissional e familiar sempre foi um dos meus propósitos.

Dentre os muitos papéis que desempenho nesta vida, o de mãe e responsável, juntamente com meu marido, pela manutenção da estrutura familiar e formação dos nossos filhos exigiu muita parceria, dedicação e priorização.

Hoje, com nossos dois filhos maduros, atualmente com 20 e 17 anos, o mais velho cursando Direito e o mais novo finalizando o Ensino Médio, sinto-me em paz, feliz e realizada, olho para trás e tenho certeza de que tudo, absolutamente tudo, valeu a pena, e que estou ainda mais fortalecida e pronta para assumir mais desafios, ciente de que agora a minha missão de mãe já avançou muitos estágios.

E foi graças à intervenção, persistência e apoio de meu marido e dos meus filhos que consegui interromper o ciclo que quase me levou a um *burnout*.

Sou e serei eternamente grata por tanto!

E como grande aprendizado de tudo isso, para evitar que novas situações de estresse insustentável assumam o controle, tenho procurado algumas técnicas valiosas que extraio da filosofia estoica: focar a atenção no presente e canalizar esforços para o que está sob meu controle.

Minha Contribuição

Em decorrência da trajetória percorrida ao longo da minha vida, dos meus acertos, eu recomendaria às mulheres que:

1- Definam seu propósito de vida, aquilo que é mais importante para vocês. A partir dele, definam os "milestones", ou seja, as etapas a serem percorridas e prioridades de cada uma.

2- Exerçam rotinas de autocuidado, principalmente interior; conheçam-se; estabeleçam e respeitem seus limites; cuidem de sua saúde física e mental.

3- Estudem sempre: além do conhecimento jurídico, entendam do negócio.

4- Sejam firmes mas não inflexíveis: o agir "firme" demonstra segurança e somado à capacidade de ouvir e flexibilizar entendimentos em prol do bem comum são qualidades necessárias para quem deseja assumir posição de liderança.

5- Sejam resilientes: aceitem que dificuldades, mudanças de rota e desafios são inerentes na vida. Não permitam que situações imprevistas e indesejáveis lhes abatam. Respirem fundo, estejam preparadas identificar soluções, corrigir a rota, esclarecer eventuais mal-entendidos. E sigam adiante.

6- Ajam de maneira ética e coerente com seus propósitos.

7- Construam uma rede profissional forte: mantenham-se conectadas para serem lembradas.

8- Aproveitem os aprendizados durante a jornada.

E, por fim, mas não menos importante, lembrem-se sempre de que o que passou, passou, e o futuro não chegou e não chegará. O futuro quando chega é o presente. Ou seja, temos apenas o agora.

Então, mulheres, vivamos o agora, AGORA, façamos a melhor escolha alinhada com a nossa condição e propósito de vida AGORA, JÁ. Foquemos no presente. Livremo-nos das amarras e arrependimentos, pois não há nada que possa ser feito para mudar o que passou. Temos o presente para construir e o AGORA para viver. Sejamos protagonistas da nossa história, assumamos as rédeas para a condução das suas vidas, sejamos gratas, estudemos, trabalhemos, rezemos, curtamos a família, os amigos, aceitemos que os outros erram, perdoemo-nos a nós e aos outros, cuidemos da saúde e da autoestima. AGORA!!

Prontas?? Bora?? Pode ser AGORA??

BOA SORTE!

História da CEO da Editora Leader e Idealizadora da Série Mulheres®

Andréia Roma

Eu posso Voar!

Como tudo começou

Nasci em São Paulo, sou uma paulista muito orgulhosa de ter nascido nesta terra de tantas oportunidades. Falar das minhas origens, de quando eu era criança, é necessário, porque tudo é parte da minha história de vida. Venho de uma família muito humilde, na infância eu não sabia o que era ter uma roupa, um tênis ou uma sandália novos. Eu e minha irmã usávamos o que outras pessoas nos davam, mas mesmo assim éramos agradecidas. Hoje somos nós que ajudamos outras pessoas, seja diretamente, com caridade, ou indiretamente, através do nosso empreendedorismo.

A profissão do meu pai, um pernambucano muito batalhador, era de pintor. Ele fazia de tudo para que não faltasse nada para nós e seguíamos a vida com escassez, sem luxo, aprendendo que a melhor escolha sempre é ter muita honestidade. Meu pai foi muito carinhoso comigo e com a minha irmã, guardo boas lembranças dos primeiros anos da minha vida. Atualmente ele é aposentado e posso dizer que é uma pessoa maravilhosa, muito importante para mim.

Mamãe, paulista como eu, não trabalhava, porque meu pai entendia que ela precisava estar em casa para cuidar da nossa educação. Então, fomos muito bem educadas por minha mãe, pois mesmo com pouca escolaridade ela nos ensinava bons valores e o respeito ao próximo. Ela nos ensinou como nos portar à mesa, como agir corretamente na convivência com outras pessoas, em qualquer ambiente em que estivéssemos. Tudo isso era próprio dela, que tem uma história muito bonita. Ela foi adotada, depois de ser deixada na porta de um orfanato, junto com as duas irmãs e um irmão.

Separadas pela adoção, depois de 30 anos minha mãe encontrou minha primeira tia, após mais cinco anos, minha outra tia. Meu tio já é falecido, infelizmente, e jamais encontraram a minha avó. Minha mãe foi adotada por um casal que vivia no Interior, e que cuidou muito bem dela, graças a Deus, e ela se tornou uma mulher de fibra, exemplar. Mamãe teve a oportunidade de concluir somente o colegial, não prosseguiu com os estudos, pois se casou com papai muito jovem. E na simplicidade dela, com seu olhar amoroso e de bons valores, nos ensinava muito. Fomos crianças, eu e minha irmã, que tivemos uma mãe presente de verdade. Ela esteve sempre junto com a gente, na pré-escola, no primeiro dia de aula, ia nos buscar, cuidava muito bem de nós, nos orientava, ensinava como nos defender. São muitas passagens que ficaram marcadas nos nossos corações.

Escolha amar, sempre

Algumas pessoas, ao lerem este trecho de minha história, vão dizer que minha mãe talvez não devesse ter aberto mão dos estudos e de trabalhar fora. Na verdade, ela escolheu estar presente e com isso acompanhar nossa infância e todos os nossos passos. Eu digo sempre que ela escolheu amar. Entendo que hoje nós, executivas, não temos como abrir mão de nossas carreiras, porém, ao trazer esta história tenho a intenção de dizer para você que, mesmo com a correria do dia a dia, nunca deixe de registrar em sua agenda o tópico TEMPO PARA AMAR, envie um *invite* se preciso.

Minha mãe me ensinou o segredo de ser fiel às pessoas que amamos e cuidar com amor e dedicação. Apesar de ter sido abandonada um dia por sua mãe biológica, ela me ensinou que amar é um remédio que cura todas as dores da alma. Muitas vezes, quando iniciamos um trabalho, não nos dedicamos como poderíamos e isso ao longo dos anos se torna prejudicial. Reconheço que minha mãe foi a maior treinadora do tema "dedicação e atendimento ao cliente" que eu poderia ter em minha vida. E você, consegue se lembrar do que sua mãe ou seu pai lhe ensinou? Faça sempre essa reflexão e se fortaleça. Desafios vêm para mostrar o quanto você é forte.

Um livro muda tudo!

E como nasceu meu amor pelos livros, esse amor que me levou a empreender no mercado editorial? Bem, o primeiro livro que ganhei foi uma cartilha escolar. Eu adorava essas cartilhas porque podia pintá-las e tinha exercícios que eu gostava de fazer. Aí nasceu minha paixão pelos livros, que só aumentou pela vida afora. Isso colaborou muito na minha atuação como editora, porque não acredito em livros sem exercícios. Eu amava minhas cartilhas, eram distribuídas pelo governo. Elas eram o que eu tinha, eu ganhava de presente, cuidava delas com muito zelo e carinho, lembro-me até de ajudar minha mãe a encapá-las.

Achava sensacional poder ter aqueles livros e cartilhas, enfeitava com florezinhas, não tinha muito o que colocar, não tínhamos como comprar adesivos, então eu fazia com revistas e jornais velhos, tudo que achava eu recortava e colava, deixando tudo muito bonito. A atitude de colar e enfeitar os livros, cuidando com zelo, é o que trago para os dias de hoje. Minha lição aqui é convidar você a zelar e cuidar das oportunidades e parcerias, infelizmente ao longo dos anos nos decepcionamos com algumas, porém, desistir de encontrar parceiros certos para juntos fazer a diferença, jamais. Lembre-se de se levantar a cada tombo unicamente por você e não para que as pessoas que o feriram vejam. Estas pessoas passaram, e você seguiu. Viva o aqui e agora e esqueça o passado.

Sororidade inspirada por meu pai

Se eu pudesse resumir um pedaço da minha história sobre o tema Sororidade, descreveria com estes fatos.

Todos os dias de manhã meu pai saía de casa de bicicleta, praticamente atravessava a cidade para ir trabalhar, e assim economizava na condução para podermos ter um bom café da manhã, antes de irmos pra escola. Quando voltava sempre trazia um pacotinho de balas, de cereja ou de chocolate, lembro-me do formato e cheiro até hoje. Assim que ele chegava colocava as balas do saquinho na mesa, e pedia para eu e minha irmã sentarmos à mesa com ele; ali ele iniciava um ritual diário, olhando nos nossos olhos com carinho ele dividia as balas, e só depois deste momento é que poderíamos pegá-las.

Meu pai me ensinou sobre sororidade muito antes de ouvirmos sobre o tema. Ele com esta atitude me ensinava o valor de respeitar minha irmã, o valor de dividir, o valor de receber, o valor de agradecer. Recordo que a gente não brigava por isso, e ele e minha mãe nos ensinavam ali, mesmo sendo pessoas com tão pouca escolaridade, a compartilhar, a apoiar, respeitar. E isso eu faço sempre, seja como editora, como ser humano, eu compartilho muito. Eu dou muitas oportunidades para que outras pessoas possam publicar, possam escrever, possam se encontrar e identificar a sua história. E se valorizar, por isso eu foco muito no protagonismo da história, o que tenho certeza que fez diferença na minha vida.

Então finalizo aqui essa parte que fala da minha infância, dos meus pais, e de como eles me ensinaram a ser quem eu sou hoje.

Laboratório do sucesso

Iniciei minha vida profissional quando tinha 14 anos, como cuidadora de um casal de idosos. Trabalhar com eles me ensinou a ver e sentir o ser humano de outra forma, mais sensível, mais dependente. Eles já não estão mais conosco, mas nem imaginam o tamanho do legado que deixaram para mim. Foi uma grande lição para uma menina de 14 anos. Aos 15, entendi o significado de atender pessoas, fui trabalhar em uma banca de pastel e ali tive a chance de aprender grandes lições. Uma delas eu me recordo bem: meu patrão fritava todos os dias um pastel de carne e me fazia comer; quando eu terminava, ele dizia: "Como foi? Estava saboroso?" Na época eu não entendia o que ele queria, porém hoje sei que ele me ensinava que a experiência de experimentar é o maior laboratório do sucesso. Um cliente só volta para sentir novamente a experiência que seu produto pode proporcionar.

Aos 16, iniciei como recepcionista em uma papelaria, onde gostava muito de atender os clientes e fiz muitas amizades. Nesta experiência entendi que o *networking* traz para nossas vidas muitas oportunidades. Uma dica importante para você que deseja crescer é se relacionar, conhecer seus clientes, entender o que fazem e por que fazem. Todo cliente tem um propósito, descubra o propósito do seu cliente.

Aos 18, engravidei do meu primeiro namorado, e foi também meu primeiro aprendizado. Hoje eu agradeço a ele pela vida da minha filha, mas na época éramos jovens e tive uma experiência dolorosa. Eu tive a chance de ouvir o coração dela sozinha, foi um momento só meu e eu adorei. E naquele dia, como uma intuição divina, eu sabia que era uma menina, antes de o médico saber!

Quando ela nasceu, chamá-la de Larissa, que significa Alegria, realmente expressava o que eu estava sentindo. E me emociono ao dizer isso, porque ela tem me dado muitas alegrias. Segui criando minha filha sozinha e isso só me deu mais força para entender aonde queria chegar.

Lembro-me de que, quando entrei na sala de cirurgia para dar à luz a Larissa, visualizei que dali em diante eu seria empreendedora, que lutaria por mim e por minha filha. Comecei a estudar, e não parei mais, me considero uma autodidata em muitas áreas do conhecimento.

Suas escolhas decidem quem você será no futuro!

Próximo aos 24 anos me casei com o Alessandro e recebi mais um presente, meu segundo filho, chamado Boaz, e sua chegada reforçou ainda mais o que eu queria realizar em minha vida.

Na minha primeira formação em PNL e Coaching, recordo-me que o exercício na sala de aula era a ponte ao futuro. Ali eu reforçaria aonde queria chegar. E minha meta foi ter uma editora. Esse objetivo gritava dentro de mim, foi então que pedi demissão da empresa em que trabalhava. Algo me dizia "você está no caminho, vá em frente".

Foi o que fiz, porque eu tinha dois motivadores em minha vida, Larissa e Boaz.

Segui minha vida trabalhando, lendo muitos livros, pois sou uma apaixonada por livros, e participei de várias formações, buscando oportunidades, em minhas contas somo mais de 60 cursos. Confesso que investi muitos dias da minha vida para todas estas formações, ganhava pouco em empresas em que trabalhei, porém a oportunidade de estudar me manteve fiel em cada uma delas. Eu realmente fazia além do que era paga para fazer, pois eu acreditava em mim. Sou grata a todas as empresas pelas quais passei, são grandes motivadores para mim.

Quase desisti

Lembro-me que depois dos 30 anos fui convidada para estruturar a primeira editora, era um sonho e trabalhava dia e noite com a proposta de uma sociedade. Porém naquela época a empolgação foi tamanha e me esqueci do contrato, aí você já imagina. Depois desta decepção eu resolvi deixar o mundo editorial, quase desistindo do sonho de empreender, e disse a meu marido que iria procurar uma nova recolocação no mercado. Ele me disse: "Acredite, você vai conseguir".

Foi quando tive a grande surpresa que mudaria totalmente minha vida.

Ele me disse para insistir com meus sonhos. E, se eu acreditasse na editora que queria construir, daríamos um jeito para realizar minha meta. Sem me consultar, ele foi até a empresa em que trabalhava há seis anos e pediu para ser demitido. Com a indenização dele fundei a Editora Leader. Assim, nasceu a Editora Leader, por meio de alguém que renunciou ao seu trabalho para realizar o meu sonho. Meu marido me inspira até hoje.

Sou e serei eternamente grata a ele.

Meu maior legado

Falar de filhos, de família, para mim é o maior legado do mundo, é você respeitar as pessoas que você ama. Falar do momento de mãe solteira é difícil. Não fiz nada diferente de outras jovens que também engravidam e não têm o apoio de seu parceiro. Não fui forçada a engravidar, aconteceu e aí vieram as consequências. Uma delas foi que meu pai não aceitava, até pela criação que teve, tinha uma importância muito grande para ele que eu só tivesse filhos após o casamento. Ele deixou de falar comigo, não me abraçava mais, foi muito penoso lidar com isso, porque ele sempre foi muito próximo. Na realidade, ele se importava, mas estava muito magoado. Hoje eu sei disso, mas na época não.

Então eu tinha de conviver com o conflito de ter sido abandonada e de meu pai se afastar de mim. Minha mãe me apoiou e me dava carinho e força. Fiquei em casa grávida, isolada, como se estivesse em quarentena. É assim que descrevo hoje aquela situação. Como não tinha com quem conversar, eu falava com minha bebê, cantava para ela. Por isso digo que ela realmente foi a minha alegria. Falar dela e da minha gravidez é falar de todas as mães solteiras, mas principalmente dizer às jovens para que se cuidem e evitem passar por uma situação tão dolorosa.

Hoje tomo isso como um grande aprendizado. E digo que o maior desafio de ser mãe, com certeza, é estar sozinha, apesar de ter aquela bebê maravilhosa dentro de mim. Então, eu entendi que precisava realmente fazer a diferença, não só pela minha filha, mas por mim primeiro. Naquele momento eu assumi o protagonismo da minha vida. Pensei que eu queria mais da vida, queria mais de tudo que pudesse obter.

Minha maior lembrança é de quando entrei no hospital, naquele corredor frio, olhei na janelinha da porta do centro cirúrgico e quem estava ali era minha mãe. Com seu olhar ela me dizia que eu ia conseguir, e isso realmente me motiva até hoje. Então, todas as vezes que me sinto triste, eu olho na "janelinha do tempo", e vejo o rostinho da minha mãe dizendo que vou conseguir. Isso pra mim faz toda a diferença.

Quando decidi ter um emprego, até pela maturidade de querer sustentar minha filha, tive uma grande oportunidade, aos 19 anos, de trabalhar num jornal, com a venda de assinaturas. E me saí muito bem. Era no centro da cidade de São Paulo, foi uma ótima experiência.

Depois fui para uma empresa de treinamentos, que nem existe mais, mas na época tive a chance de fazer alguns e aprendi muito. Eram treinamentos de negociação, motivação, liderança, conheci também um pouco da Programação Neurolinguística (PNL), e várias outras ferramentas. E mergulhei nesse mercado, gostava muito de ler, até pela falta de oportunidade que tive, então agarrei com as duas mãos e segurei com muita determinação.

Logo depois, comecei a vender livros e revistas numa empresa que não existe mais. Lá eu aprendi bastante, as pessoas que conheci ali foram bem importantes na minha vida e entendi que para vender eu tinha de ler ainda mais. Ler bastante, o tempo inteiro. Gosto muito de ler, eu lia muitos livros sobre motivação, vendas, de liderança, de negociação, livros de Eduardo Botelho,

Reinaldo Polito, vários escritores, nacionais e internacionais, muitas pessoas que aprendi a admirar.

Contar sobre esse período é dizer o quanto essa oportunidade me ensinou a ser uma pessoa melhor, e a transformar desafios na "janelinha", onde o retrato é da minha mãe, dizendo que vou conseguir.

Pronta para Voar!

Selo Editorial Série Mulheres®

A Editora Leader é um espaço especial criado para que homens e mulheres possam publicar. Em todos os projetos da Leader dedicado às mulheres, uma das coisas que coloco é um espaço para as origens das autoras, como fiz aqui neste capítulo, porque, mesmo que seja doloroso falar sobre aquele momento, aquela situação difícil, isso faz com que você entenda a sua evolução, o quanto você caminhou, o quanto você já venceu. E faz com que veja alguém inspirador, como eu vi na janelinha do hospital, o rostinho da minha mãe. Então, qual é o rosto que você vê? Quando você se lembra dos seus desafios na infância, das situações difíceis, qual é o rosto que você vê? Acho que essa é a maior motivação, quando você consegue descrever isso, quando você trouxer isso pra sua vida consegue inspirar outras pessoas a caminhar. Percorrer o corredor daquele hospital foi um dos mais longos trajetos da minha vida, mas foi o mais importante, porque me ensinou a ser quem eu sou.

Me ensinou a compartilhar mais, me mostrou caminhos que nenhuma faculdade, nenhum curso vai me ensinar. Realmente ali eu assumi que podia fazer aquilo, e eu fiz.

Hoje minha filha tem 22 anos, está no segundo semestre de Medicina, e eu fico muito feliz. Contudo, hoje trabalho com legados, assim como os médicos, que fazem o bem para tantas pessoas! Hoje vejo minha filha caminhando para isso.

Então acho que o Selo Série Mulheres® da Editora Leader e grande parte de suas publicações têm um pouco de cada mulher, independentemente do que ela escolheu para sua vida. Digo que é uma conexão com as mulheres. Não é só quem eu quero ser, é quem eu sou. É quem eu assumi ser, é a protagonista da minha história. Com uma infância triste ou feliz, eu quero que realmente essas histórias inspirem muitas pessoas. Essa é a minha história, que reúne várias mulheres e diversas temáticas no mercado, trazendo o olhar feminino, trazendo o olhar dessas mulheres através do protagonismo de suas histórias, começando pelas origens e falando de onde elas vieram e quem elas são.

Eu me orgulho muito da Série Mulheres®, um projeto que lançamos com abrangência nacional e internacional, com ineditismo registrado em 170 países, aliás o único no Brasil, porque todos os livros são patenteados, tivemos esse cuidado para que nenhuma outra editora, além da Leader, pudesse lançar as temáticas, por exemplo, Mulheres do RH, Mulheres no Seguro, Mulheres do Marketing, Mulheres do Varejo, Mulheres na Tecnologia, Mulheres Antes e Depois dos 50, Mulheres na Indústria do Casamento, Mulheres na Aviação, Mulheres no Direito, Mulheres que Transformam, enfim, hoje já estamos na construção de quase 50 temáticas que vamos lançar até 2030. São histórias de mulheres que realmente decidiram, que, através de suas escolhas, suas trajetórias, suas boas práticas empolgam as leitoras e os leitores, porque o Selo Editorial Série Mulheres® é para homens e mulheres lerem. Então trazemos com carinho a história de cada mulher, mostrando a força feminina, não como uma briga por igualdade, nada disso, mas sim com um olhar humanizado, com um olhar em que as mulheres assumem o protagonismo de suas histórias. Elas entendem os seus valores, as suas crenças e assumem a sua identidade, mostrando quem elas são, dentro do que elas fazem, do que elas escolheram para fazer. Mulheres fortes, eu diria. São mulheres escolhidas a dedo para participar da Série. Nós precisamos entender que para tocar uma alma humana você tem que ser outra alma humana.

Então a Série Mulheres® é uma grande oportunidade para o mercado feminino mostrar sua história, mostrar mais do que o empoderamento, mostrar o quanto você pode inspirar outras mulheres. E detalhe: numa história difícil, triste, quanto você pode levantar o ânimo dessas mulheres, para que elas tenham uma chance, para que possam caminhar.

Um dos livros que vamos lançar é Mulheres – Um grito de socorro, que já está registrado também, e vem trazendo esse olhar de muitas Marias, que são fortes e deram a volta por cima em suas vidas. A Série Mulheres® é isso, é um compilado de mulheres que inspiram outras mulheres e homens. Muitas não são famosas, mas são "celebridades" dentro do que elas fazem. Nosso propósito é trazer um novo olhar para as brasileiras que colaboram para o desenvolvimento econômico do nosso país, com verdadeira responsabilidade social e ambiental.

A Editora Leader me transformou numa empreendedora de sucesso, e eu a transformei numa empresa com vários diferenciais.

Eu acredito que "**Um livro muda tudo**", que se tornou o nosso *slogan*. E pergunto sempre, através da Leader: qual é a sua história? Qual é o poder que tem a sua história?

Termino por aqui, espero que minha história a prepare para voar, e convido você a contar a sua história aqui, na Editora Leader, no Selo Editorial Série Mulheres®.

Cordel

Este livro tem poder,
O poder de transformar,
Cria oportunidades,
Pra muita mulher falar,
Sobre suas experiências,
Este livro vai contar!

Este livro bem ensina,
Sobre respeito e equidade,
Defende o nosso espaço,
Buscando mais igualdade,
Que tal ser inspiração,
Pra muitas na sociedade?

Não estamos contra os homens,
Não é uma competição,
Só queremos ter espaço,
Não é uma imposição,
Unindo homem e mulher,
É mútua inspiração!

Pra você que é mulher,
Não importa a profissão,
Reconheça o seu valor,
Dê sua contribuição,
Isso pode bem mudar,
O futuro da nação!

Por espaço igualitário,
Não é só nossa questão,
Queremos o seu respeito,
Temos também opinião,
Atenção você mulher,
Preste muita atenção!

A mensagem do cordel,
É fazer cê refletir,
Que essa série pra mulher,
Vai fazer cê decidir,
Se juntar a essa luta,
Não espere, pode vir!

Recebemos como presente este cordel, criado por **Caroline Silva**, coautora do livro "*Mulheres Compliance na Prática – volume I*", para abrilhantar as obras da Série Mulheres.

Benefícios que sua empresa ganha ao apoiar o Selo Editorial Série Mulheres®.

Ao apoiar livros que fazem parte do Selo Editorial Série Mulheres, uma empresa pode obter vários benefícios, incluindo:

– **Fortalecimento da imagem de marca:** ao associar sua marca a iniciativas que promovem a equidade de gênero e a inclusão, a empresa demonstra seu compromisso com valores sociais e a responsabilidade corporativa. Isso pode melhorar a percepção do público em relação à empresa e fortalecer sua imagem de marca.

– **Diferenciação competitiva:** ao apoiar um projeto editorial exclusivo como o Selo Editorial Série Mulheres, a empresa se destaca de seus concorrentes, demonstrando seu compromisso em amplificar vozes femininas e promover a diversidade. Isso pode ajudar a empresa a se posicionar como líder e referência em sua indústria.

– **Acesso a um público engajado:** o Selo Editorial Série Mulheres já possui uma base de leitores e seguidores engajados que valoriza histórias e casos de mulheres. Ao patrocinar esses livros, a empresa tem a oportunidade de se conectar com esse público e aumentar seu alcance, ganhando visibilidade entre os apoiadores do projeto.

– **Impacto social positivo:** o patrocínio de livros que promovem a equidade de gênero e contam histórias inspiradoras de mulheres permite que a empresa faça parte de um movimento de mudança social positivo. Isso pode gerar um senso de propósito e orgulho entre os colaboradores e criar um impacto tangível na sociedade.

– ***Networking* e parcerias:** o envolvimento com o Selo Editorial Série Mulheres pode abrir portas para colaborações e parcerias com outras organizações e líderes que também apoiam a equidade de gênero. Isso pode criar oportunidades de *networking* valiosas e potencializar os esforços da empresa em direção à sustentabilidade e responsabilidade social.

É importante ressaltar que os benefícios podem variar de acordo com a estratégia e o público-alvo da empresa. Cada organização deve avaliar como o patrocínio desses livros se alinha aos seus valores, objetivos e necessidades específicas.

REGISTRO
DIREITO AUTORAL

CBL
Câmara
Brasileira
do Livro

clique para acessar
a versão online

CERTIFICADO DE REGISTRO DE DIREITO AUTORAL

A Câmara Brasileira do Livro certifica que a obra intelectual descrita abaixo, encontra-se registrada nos termos e normas legais da Lei nº 9.610/1998 dos Direitos Autorais do Brasil. Conforme determinação legal, a obra aqui registrada não pode ser plagiada, utilizada, reproduzida ou divulgada sem a autorização de seu(s) autor(es).

Responsável pela Solicitação:
Editora Leader

Participante(s):
Andréia Roma (Coordenador) | Luciana Tannure (Coordenador)

Título:
Mulheres em Telecom : edição poder de uma história : volume I

Data do Registro:
01/10/2024 10:30:48

Hash da transação:
0xd438ddcee4b4820afacfd1146cb644219722226a858469fe29a9d10d08c2d86e

Hash do documento:
f2452009fec5aa813cb7974f3db0967914d82bff4e610ad5940e0e89b8b674e9

Compartilhe nas redes sociais

FAÇA PARTE DESTA HISTÓRIA
INSCREVA-SE

INICIAMOS UMA AÇÃO CHAMADA

MINHA EMPRESA ESTÁ COMPROMETIDA COM A CAUSA!

Nesta iniciativa escolhemos de cinco a dez empresas para apoiar esta causa.

SABIA QUE SUA EMPRESA PODE SER PATROCINADORA DA SÉRIE MULHERES, UMA COLEÇÃO INÉDITA DE LIVROS DIRECIONADOS A VÁRIAS ÁREAS E PROFISSÕES?

Uma organização que investe na diversidade, equidade e inclusão olha para o futuro e pratica no agora.

Para mais informações de como ser um patrocinador de um dos livros da Série Mulheres escreva para: contato@editoraleader.com.br

ou

Acesse o link e preencha sua ficha de inscrição

Nota da Coordenação Jurídica do Selo Editorial Série Mulheres® da Editora Leader

A Coordenação Jurídica da Série Mulheres®, dentro do Selo Editorial da Editora Leader, considera fundamental destacar um ponto crucial relacionado à originalidade e ao respeito pelas criações intelectuais deste selo editorial. Qualquer livro com um tema semelhante à Série Mulheres®, que apresente notável semelhança com nosso projeto, pode ser caracterizado como plágio, de acordo com as leis de direitos autorais vigentes.

A Editora Leader, por meio do Selo Editorial Série Mulheres®, se orgulha do pioneirismo e do árduo trabalho investido em cada uma de suas obras. Nossas escritoras convidadas dedicam tempo e esforço significativos para dar vida a histórias, lições, aprendizados, cases e metodologias únicas que ressoam e alcançam diversos públicos.

Portanto, solicitamos respeitosamente a todas as mulheres convidadas para participar de projetos diferentes da Série Mulheres® que examinem cuidadosamente a originalidade de suas criações antes de aceitar escrever para projetos semelhantes.

É de extrema importância preservar a integridade das obras e apoiar os valores de respeito e valorização que a Editora Leader tem defendido no mercado por meio de seu pioneirismo. Para manter nosso propósito, contamos com a total colaboração de todas as nossas coautoras convidadas.

Além disso, é relevante destacar que a palavra "Mulheres" fora do contexto de livros é de domínio público. No entanto, o que estamos enfatizando aqui é a responsabilidade de registrar o tema "Mulheres" com uma área específica, dessa forma, o nome "Mulheres" deixa de ser público.

Evitar o plágio e a cópia de projetos já existentes não apenas protege os direitos autorais, mas também promove a inovação e a diversidade no mundo das histórias e da literatura, em um selo editorial que dá voz à mulher, registrando suas histórias na literatura.

Agradecemos a compreensão de todas e todos, no compromisso de manter a ética e a integridade em nossa indústria criativa. Fiquem atentas.

Atenciosamente,

Adriana Nascimento e toda a Equipe da Editora Leader
Coordenação Jurídica do Selo Editorial Série Mulheres